上司に「介護始めます」と言えますか？

信じて働ける会社がわかる

NPO法人となりのかいご 川内潤
山中浩之

日経BP

はじめに　～介護と介護支援が経営課題であるワケ

タイトルに「介護」と入っている、手に取りにくい本を開いてくださってありがとうございます。「介護支援と経営にどうつながりがあるんだ？」と不思議にお思いでしょうか。あるいは、内心「介護が始まりそうだけれど、会社に言いづらいな」とお悩みでしょうか。

経営、そして社員が介護の問題でどんな影響を受けるのか。これからお読み頂く前に、本書の内容と目的を簡単に説明させて頂きます。あまり肩肘を張らず、気軽に（時には笑いながら）読めるように話を進めていくつもりですが、冒頭だけはちょっとビジネス書っぽくやらせて頂きますので、お付き合いください。

２０２５年、第2次世界大戦後のベビーブームで生まれた団塊の世代の全員が、75歳以上になります。この75歳は高齢者医療の節目で、「要介護状態（2週間以上にわたって常に介護を必要とする状態）」として認定される人の割合が上昇します。要介護認定者の割合で比較すると、65～74歳では2・9％なのに対し、75歳を超えると23・1％に（厚生労働省「介護保険事業状況報告（年報）」令和元年度より）。それ以下の年代よりも一気に介護リスクが高まるのです。具体的に言えば、自立した生活を送るために必要な能力が急速に下がります。外出して買い物をすることが難しくなり、認知症の発症割合も上昇します。

そして、この世代の親の介護に直面するのが団塊世代の子どもたち、いわゆる「団塊ジュニア世代」（1971～74年生まれ）です。

団塊ジュニア世代は現在50代前半で、多くが若手経営層や管理職として企業の中核を担う層です。あるいは現場のベテランとして、働き手不足の中で貴重な後進を育てるためにも欠かせない存在となっています。

この中核層が、親の介護と仕事の両立に悩む時代が目の前に迫っているわけです。この時点で、まず「介護は経営課題」と言えるでしょう。え、「そうはいっても介護は企業経営じゃなくて、個人や家族の問題では」とお考えでしょうか？　では、先をお読みください。

経済損失9兆円の試算も

そして50代が介護に悩めば、問題は若い層にも波及します。

「実は当社で介護離職に至るのは、若い女性社員が多いのです」と明かしてくれたのは熊本県益城町に本社を置く化粧品メーカー、再春館製薬所の稲冨修一郎人財部労務・戦略人事マネジャー。親はまだまだ介護の問題からは遠いはずなのに、なぜか。

「彼女たちは、自分の親が祖父や祖母の介護で疲弊するのを目にして『自分が助けなくては』と休みを取って手伝いを始め、そこから『自分が親のそばで働きながら祖父・祖母の介護をする』と決意してしまうのです」

親を支援するならほかの手段もあるよ、と、説得する間もなく「もう再就職先も決めています」と、職場を去ってしまう人も多いのだそうです。

要するにこれから日本の社会に「介護をしながら働く」人が、どんどん増えていくのです。

経済産業省ヘルスケア産業課の水口怜斉課長補佐は「介護は、今直面している人だけの問題ではなく、働く人すべてが考えておくべき課題」と言います。２０３０年には、家族を介護する人の４割に当たる約３１８万人が有職者（いわゆる「ワーキングケアラー」「ビジネスケアラー」）になる、という推定もありました。

経済・経営誌「日経ビジネス」では、24年11月に40代以上のビジネスパーソンらを対象に、仕事と介護についてのアンケート調査を実施しました。現在仕事をしながら介護中の４４４人を対象に「今、介護や親の手助けを理由に勤務先を辞めることを考えているか」と聞いたところ、「辞めるつもり」「辞めることを悩んでいる」という回答が42・8％と、半数近くを占めたのです。

個人の問題として抱えきれず、仕事より介護を選ぼうとしている人がこれだけいる。社員も、そして会社も、この状況に対する備えができているのでしょうか。

「休ませればいいんでしょ？」では事態は悪化する

残念ながら、企業による介護支援は進んでいるとはいえません。制度はあっても、十分に使われていないことが、調査からうかがえます。家族の介護体制を整えるための短期休暇制度「介護休暇」（対象家族が1人の場合は年5日）を取得した社員がいる事業所の割合は、わずか2・7％です（21年4月～22年3月末、厚生労働省調べ）。

こうした状況について、国は「労働損失の影響は甚大であり、政府として、喫緊の対応が必要」と動き出しました。「育児・介護休業法」を改正して、企業に社員の仕事と介護の両立支援をより明確に義務付けたのです。施行は25年4月で、具体的には、介護支援制度を社員に個別に周知することや、利用の意向確認、社員への情報提供、研修実施や相談窓口の設置、介護のためのテレワークを努力義務とする、などなど。

一見、「なるほど」と思えますが、介護の専門家の間では、この法改正によって会社が「とにかく休みを与えて、自己責任で介護させればいい」という方向に暴走しないかと危惧する声が上がっています。

何を恐れているのかといえば、社員が親の介護を自力で始めてしまうきっかけになってしまうのでは、ということです。

「それのどこがおかしいのか」。そう思った方はぜひこの本を読み進めてください。

社員に、そして組織に「介護は個人の問題」という固定観念があること、日本の社会に「子どもが直接親の介護をすることが、親孝行である」という思い込みがあること。これらの影響は非常に大きく、社員は「実は介護が始まりそうです」と会社で言いにくくなり、介護支援策の利用や、仕事を続けることを難しくさせています。

逆に、介護を社員に抱え込ませない制度と雰囲気を経営がつくり出すことができれば、社員のロイヤルティーやモチベーションは上昇し、それが業績数字となって返ってくるのです……という話を、これから実例を交えて噛み砕いてお話ししていきます。介護支援が経営課題であることが、ご納得頂けると思います。

会社で人事（ＨＲ）を担当する方も、親御さんの介護が始まりそうなあなたも、介護への発想を切り替える手掛かりに、ぜひこの本をお役立てください。

社員の人生と、会社の成長のために

「介護は親孝行、自己責任、という社会圧から、介護中に親との距離が近づき過ぎ、それがストレスになって、親への暴力や介護離職につながる。そんなケースが多い」。本書の共著者で延べ３０００人以上の会社員の個別介護相談に乗ってきた、ＮＰＯ法人となりのかいご代表、川内潤さんは常々この問題を訴えてきました。川内さんの考え方に触れて、自分（編集Ｙ）は実際に親の遠距離介護を経験し、今、介護と仕事を無事に両立できています。その経緯は『親不孝介護　距離を取るからうまくいく』（弊社刊）で、詳しく告白させて頂きました。具体例な介護の実例については同書をご覧頂ければ幸いです。

本書では、個人だけでなく支援を行う会社側の目線も加えて、介護・介護支援の正しい（＝親と自分と組織にとってストレスが小さい）取り組み方と、そのために有効な支援について、現場の声や調査、経営層の考えをふんだんに織り込んでお伝えしていきます。

取材にご協力頂いた皆様に感謝しますと共に、上司に「これから介護が始まりそうです」とフランクに言える会社が、少しでも増えるきっかけに本書がなれればと心から願っています。

編集Y（山中　浩之）

※本書に登場する方々の役職は2024年取材時点のものです。敬称、役職名は一部略させて頂きました。会社によって表記が異なる言葉は、基本的に固有名詞を除き弊社ルールで統一しています。また、本書は日経ビジネス2024年11月18日号特集「介護離職クライシス　その支援策では救えない」（山中浩之・馬場貴子）をもとに大幅に加筆しております。本書に掲載している介護に関する調査の概要は左の通りです。

【調査概要】 日経BPコンサルティングに依頼し、2024年9月から10月にかけて、2種類の調査を行った。（調査A）介護経験者の実態調査。インターネット調査会社のモニターに対して、介護を必要とする方の実態や、回答者の関わり方、離職状況などを尋ねた。回答数は718人。このうち「現在、介護中」は572人、「介護経験者」は146人。「離職経験者」は330人だった。（調査B）日経ビジネス及び日経ビジネス電子版の読者を対象とする介護に関する意識調査。介護に対する考え方や、職場の雰囲気などを聞き、介護経験者と未経験者の意識の違いなどを調べた。回答数は779人。このうち「現在、介護中」は243人、「介護経験者」は236人、「未経験者」は300人だった。

目次

目次

第 1 章

親の介護の間違った常識「自力で親孝行」が悲劇を招く

そもそもどうして、介護と仕事の両立は難しいのでしょうか。理由はシンプルで、事前の情報不足です。突然、非日常の異常事態に直面するから難易度が上がるのです。

介護は「突然始まる」から難しい

介護の情報は世の中にあふれています。でも「介護」と聞くと、有名人の介護での苦労話や、親が認知症になる怖さなど、とにかく見たくない、聞きたくないイメージばかりが強くて「今じゃなくてもいいだろう」と、情報そのものを避けてしまうのではないでしょうか。

でも、「親の介護が始まると、おそらくこういうことが起こる」と、あらかじめ情報を仕込んでおけば、いざというときの精神的な負荷が減り、対応もずっと楽になります。

そこで、まず会社員が介護でハマりやすいケースを再現ドラマ仕立てでご紹介しましょう。これから介護の問題を考えていく方には事前の情報として参考になるかと思います。その上で、両立の難しさを理解して頂ければ幸いです。

再現ドラマといっても架空の話ではなく、数多くの会社員の介護に接してきた川内さんによる「介護あるある」の事例や、編集Yの親の介護の実話をたっぷり織り込んでいます。ノ

「自分で介護＝親孝行」という考えは根強い

●「介護を自分の手で行うことは親孝行になる」への回答

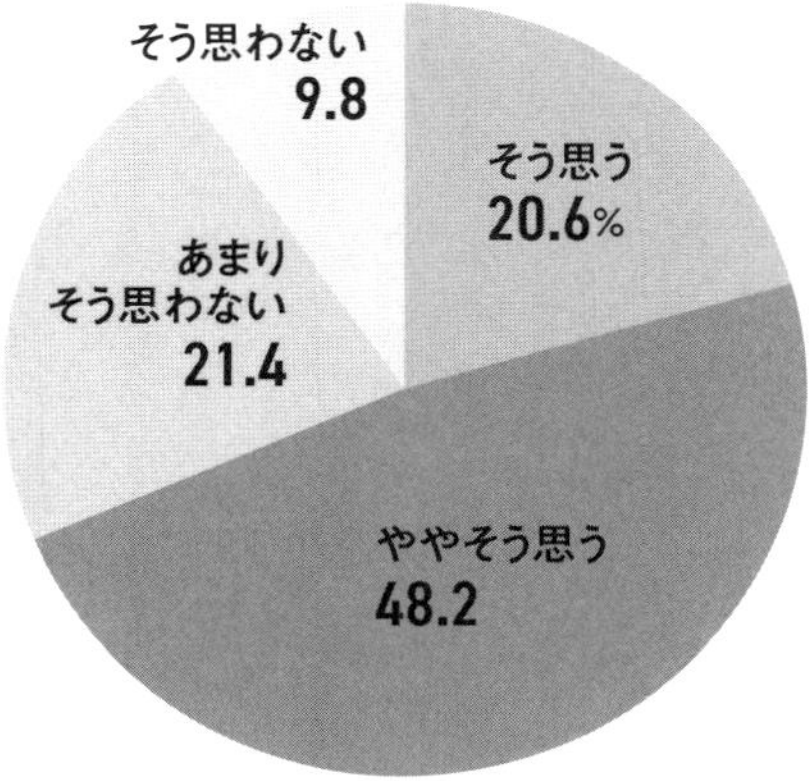

注：回答者数は718人、調査Aの結果をもとに編集部作成

ンフィクションがいい、という方は『親不孝介護』シリーズ、『母さん、ごめん。』（松浦晋也著）シリーズをお読み頂ければ、より深くご理解頂けると思います。

今回の主人公は男性の会社員、年齢は50歳。バリバリ働いていて、普段は田舎の親のことは思い出しもしません。そんな彼が、介護を始めるきっかけは――。

「母さんが転んで骨折して、入院しちゃったよ」

という、姉からの電話がすべての始まりだった。母は、東京の我が家から電車で2時間ほどの生家で独り暮らしをしている。自分が50歳になれば、母も80の大台に乗る。

母がいつまで独り暮らしできるものなのか、と考えてはいた。だが、実家の近所に住む姉が面倒を見てくれるので、自分は仕事で稼いで経済的なバックアップを担当すればいい、と思っていた。しかし、そんな甘い希望を現実が容赦なく打ち砕いた。

「高齢者の入院は、体にも精神にもダメージが大きい」と聞いていたが、その通りだった。なかなか骨が付かずベッドで動けないでいる間に母は気力体力が衰えていった。「母さん、どうも記憶がぼんやりしちゃっているみたい」と、姉も気づいて連絡してきた。

きれいだった実家がゴミ屋敷に

ほどなく母は退院し、実家に帰ってきた。

「それはいいんだけれど、テレビ通販で止めどなく買い物したり、『家に泥棒が入った』って、警察に電話したりするのよ。毎日振り回されちゃって……」

姉からのLINEにぼやきが増えてきた、と思っていたら、挙動不審な母を介護するストレスのために、なんと今度は姉が倒れてしまった。

「誰か面倒を見てくれないか」と、近くに住む親戚に相談してみたところ、「あなたは長男だし、そんなに遠くに住んでいるわけでもないでしょう？　お母さんが大変なんだから、いい機会だし、あなたがときどき帰省して親孝行してあげたら」と言われた。

たしかに、自分はずっと親元を離れて、好きに暮らしてきた。その埋め合わせと思えば納得はできる。本当は会社で自分の新しい企画が通って、毎日残業で疲れ気味なので週末くらい休みたいところだが、ともかく様子を見に行ってみることにした。

土曜日、電車を乗り継いで久しぶりに実家に着いた。

小ぎれいな一戸建てだったはずだが、なんとなく荒れた雰囲気が漂っている。庭の草木が伸びっぱなし、玄関前も吹き寄せられたゴミがそのまま、ポストもチラシが突っ込まれっぱなしで、まるで人がいないような雰囲気になっている。すごく嫌な予感がした。その予感は家の中に入って的中する。

「ただいま」と玄関を開ける。「よく来たね」という母の声が、右から左へ抜けていく。なんだこの散らかりようは。言葉が出ない。履き物があちこちに脱ぎ捨てられてどこに脱いだらいいのか。廊下にも荷物が出しっぱなしだ。リビングに入るとテーブルの上も床も食器や雑誌、通販の箱でいっぱいで、足の踏み場もない。

久しぶりに帰省したら実家がゴミ屋敷になっている件――。

片付けようとすると母、激怒

私を育ててくれた母は、とってもきれい好きだった。自分が子どもの頃は家の中にはちりひとつなく、身ぎれいにしろとうるさくて、着替えや入浴をサボると叱りつけられたものだ。その母が、いったい何日着ているのかと思うようなくたびれた服を着ている。どうも風呂もあまり入っていないようだ。白髪が増えているのは仕方ないとして、だらしなく伸びてほつれ、フケや脂が浮いている。

そして口を開けば「息子（孫）はもう小学校かい?」。とっくに大学生だよ、とその都度答えながら気持ちが冷えていくのを止められない。これが、親が老いるということか。

せめてリビングだけでも人の住む家らしくしたいと、目に付いたゴミを袋に放り込み始めると、母は突然怒り始めた。

「ちゃんと整理しているんだから、余計なことをするな」「私の大事な物ばかりなのに、なんで捨てるなんてひどいことをするんだ」と、話がまったく通じない。

これはただごとではない。ほうほうの体で東京に帰ってきたが、どうにかしなくては。知った以上放ってはおけない。週末ごとに実家へ行き、そのたびに親の言動に驚き、怒り、悩

親の介護をどこまで自分でやるか

●主な介助で手助けが必要な割合

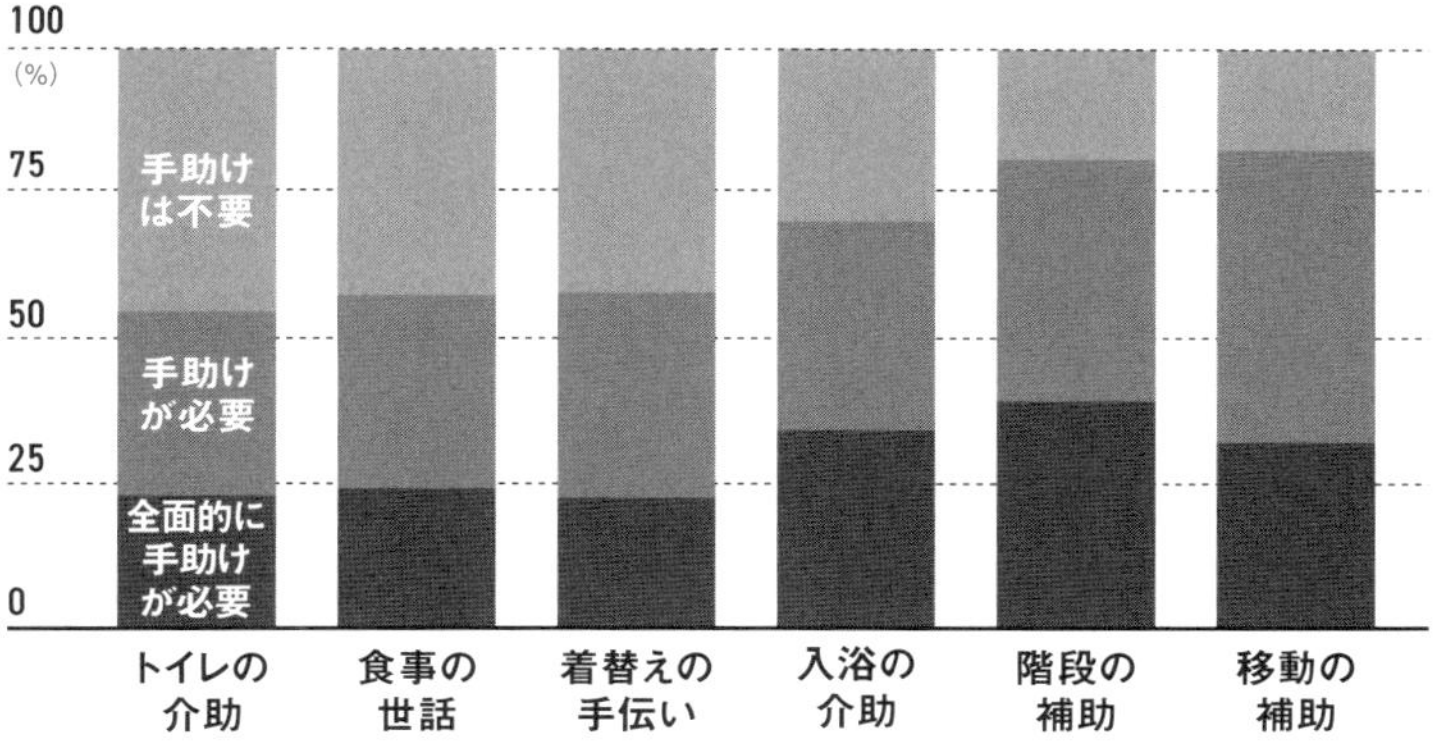

親の振る舞いに戸惑い、社会との断絶に悩む

●親の介護で困ったこと

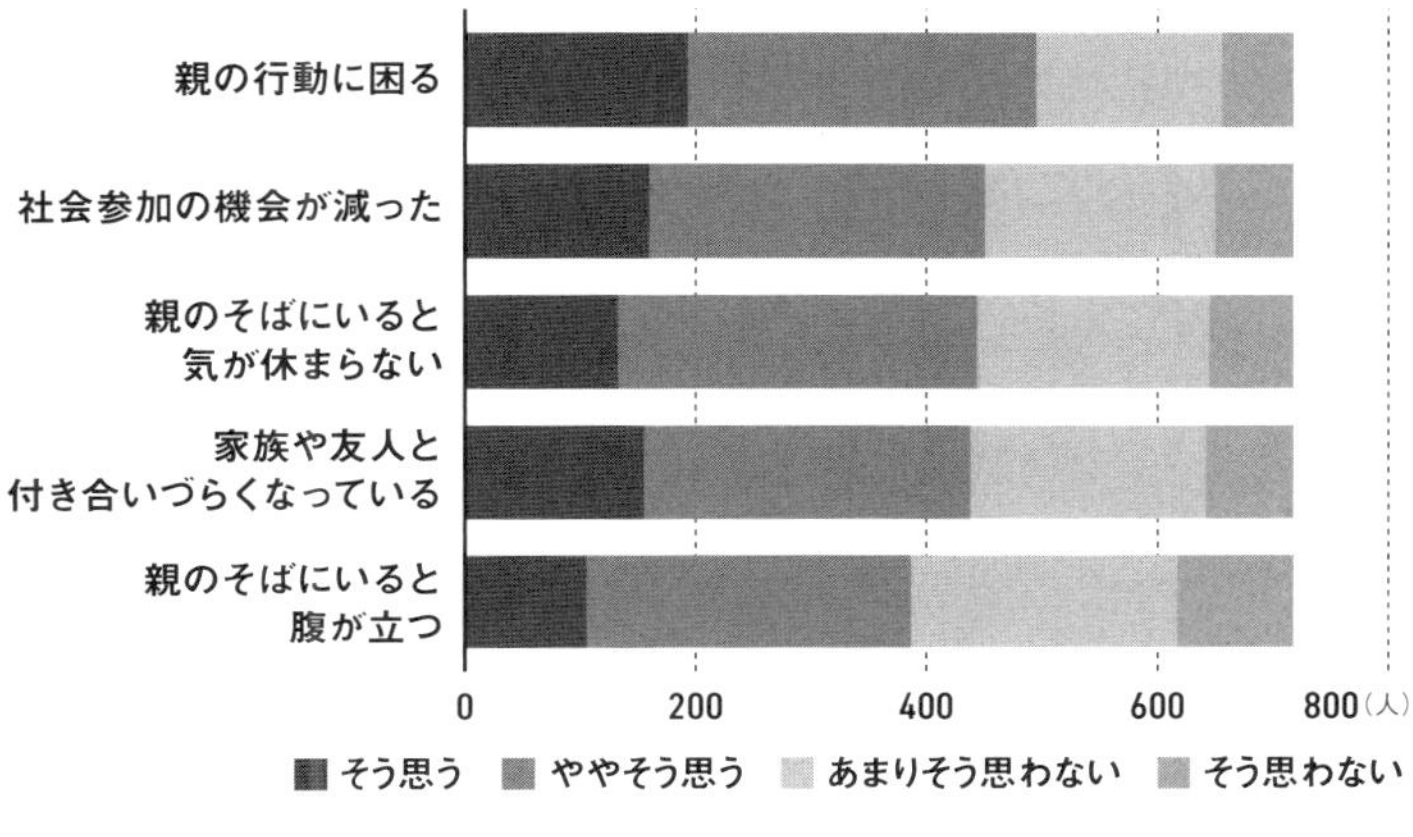

注：回答者数は718人、調査Aの結果をもとに編集部作成

む日々が始まってしまった。

川内　高齢の親御さんがいたら、いずれは介護を考えなければならないのですが、「介護は突然始まる」という印象を持つ人はとても多いです。これは主人公のように「介護になっても別の親戚が面倒を見ている／見るはず」と考えがちなことも、原因のひとつです。

――自分は一人っ子なので逃げる余地がなかったから、わりと早い時点で「自分がなんとかせねば」と覚悟を決めざるを得なかったわけですね。

川内　それはある意味一人っ子のメリットですね。多くの場合、他の人をアテにしていながら、その人が倒れたときのことまで考えなかったりするわけです。

――ああ、お姉さんに戦線離脱されちゃっていきなり苦しくなる、みたいな。

川内　ところでこの話、かなりYさんの体験に近いですよね。

――そうです。でも自分の場合は「介護の本を作る」という仕事で、親に会う前に「老いによって、記憶が怪しくなったり、部屋が散らかったり通販の買い物が爆増したり、他責が目立ったりする」という知識を得ることができたので、「ああ、これか」と思えました。

川内　強制的に介護について学習する機会があった。それはラッキーでしたね。

――本当にそう思います。でなければ何が起こったのか、誰にどう相談すればいいのか、何もわからずに、自分で抱え込んだでしょうね。

川内 そして、親の介護はなかなか個人で抱えきれるものではありません。調査結果（19ページ）を見ても、親の生活の様々な場面で、仕事をしながら介護をしている人が奔走している様子がうかがえます。

――本当に大変だと思います。おまけに、これは自分もたっぷり味わいましたが、「着替えができない、入浴していない」といった、親ができないあれこれのことが、なぜか自分の中で怒りやいら立ちに変わってしまうんです。そして親を責め、責めた自分を、老いた親に対してなんてことを、と、また責めてしまう。続きをどうぞ。

親のことは心配だが、今、職場でリーダーとして進めているプロジェクトがヤマ場で、正直、現場を一日も離れたくない。離れるなら、せめてゆっくり疲れを取りたい。

だが、実際には「老いたな」と感じさせる母を見たくない気持ちを押し殺して週末のたびに実家に戻り、そのたびに些細なことが気に障って、けんかして帰ってくる。そして「今週こそは優しくしてあげようと決めていたのに」と、自分にがっかりしてしまうのだ。

こんな調子では、気持ちも体調も落ち込む。仕事へのモチベーションを維持するのが正直難しくなってくる。上司や同僚からも「ちょっと疲れているんじゃないか？」と気遣われた。だが、「親が困ったことになって」とは言いにくい。介護があるなら、これ以上は働けないね、と思われて、やっとつかんだやりたい仕事から外されるかもしれない。

そのうち母から「お父さんからもらった大事な指輪がなくなった」「家の中が誰かに見張られている、盗聴器があるみたい」などという電話が、昼夜問わずにかかってくるようになった。

最初は真に受けて「警察を呼んだほうがいいのか」と思ったが、どう考えてもおかしいので「今度行ったときにじっくり聞くから」と言い聞かせた。しかし、とうとう「○○県警の者ですが、お母さまから家に泥棒が入ったと通報がありまして」と、警察官から電話がかかってきた。母が勝手に110番してしまったのだ。

こういう想定外の電話が、仕事の最中だろうが夜中だろうががかかってくるのではたまらない。電話に出た後は気疲れと脱力感で、アタマも気持ちもまともに動かない。もはや、母からの電話は着信拒否にするしかないのかも、と悩んだ。

が、ある日、ぱたっと電話が来なくなった。

さすがに落ち着いたのかな、やれやれ、と安堵していると、先にお世話になった病院から電話が。母が買い物先で転倒し、また入院しているのだという。姉は「もうお母さんの面倒はこりごり！」と宣言してきたので、やむなく自分が行く。

川内　親御さんが警察や消防署に電話を入れてしまうのは「あるある」です。

――これも自分で経験しました。介護本を作ったおかげで「あるあるだぞ」と知っていたので「ああ、本当にお母ちゃん、110番しちゃうんだなあ」と、ある種感慨を持って受けとめることができました。いきなり新潟県警からの電話を喰らったら、「何やってんだ！」と母に激怒したと思います。

川内　親の被害妄想への対応は、子どもには本当につらい。公の機関に迷惑をかけた、という気持ちが加わったらなおさらですよね。でも、本当はそこまで責任感を持つ必要はないと私は思いますよ。親の人生を自分の責任で引き受けるなんて、むしろ不遜というものです。最近の警察や消防署は、こうしたお年寄りの方の対応にも慣れてきましたし。

――とはいえ……。

川内　というか、社会の側がいい意味で慣れていかないと、これからの超高齢化社会に対応することができません。でも、現実はまだまだ、「親の面倒は子の、家族の責任」という、〝親孝行の呪い〟にとらわれているんですよね。

公的支援を母、断固拒否

母の再度の入院でまたがっくりきたが、意外な突破口がそこから開けた。

担当医に親と自分の状況を話したところ「それなら、ホウカツに相談しては」と言われたのだ。ホウカツ（包括）＝「地域包括支援センター」という、介護保険による支援の窓口になる公的機関が、日本中に、おおむね中学校の学区単位で設置されているのだという。

「そこに相談すると、状況に応じてケアマネジャー（ケアマネ）がケアプラン（介護サービス計画書）を組んでくれて、ヘルパーさんがお母さんの生活を支援してくれるはずです」と担当医。

そんな制度があったのか……恐る恐る料金を聞くと「介護保険はあなたが40歳から払っている保険料で運営されているんですよ」と教えられた。改めて、自分が介護について何も知らないことを実感する。

介護保険を使うには、包括を通して要介護認定を受ける。そこで「要支援」「要介護」（それぞれ段階あり）の認定が出れば、ケアマネの作成したケアプランに従ってヘルパーに支援を依頼できる。なるほど。これなら、仕事と介護を両立できるかもしれない。
ところが、意外なことに支援してもらう本人である母がこれに抵抗した。
母に介護保険の仕組みと、ヘルパーを家に呼んで身の回りの面倒を見てもらうことを提案すると、母は怒り出した。「親をばかにするな、私は自分一人で生きられるんだ」と怒り出したのだ。「家に他人を入れるなんて、とんでもない」と、すっかりかたくなになっている。

川内　ああ、そうなったか。『親不孝介護』で詳しく触れましたけれど、とにかく早く、親御さんが介護の必要がない状況でもいいから、包括と連絡を取って「高齢の親がこの地域にいる」ことを知ってもらったほうがいい、としつこく私が言うのはこのためなんです。

――親が元気なうちから相談しておくのは、ヘルパーさんをはじめ〝知らない人〟が家に来ることになじんでもらうため、でしたか。

川内　親御さんに、健康相談などの口実で介護支援の関係者が出入りすることに慣れてもらうこともありますが、もっと大事なのは、いざ支援が必要になった際に「親を自分でなんとか説得せねば」というプレッシャーが軽くなって、相談しやすくなることです。

――「家族だけでなんとかしよう」と思わずに、すぐ包括に相談しよう、と考えることができる。そこが重要なんですね。

川内 そうです。そして、状況がまだ悪化しないうちに相談してもらえるというのは、支援に当たる人たちにとっても、大きなメリットがあります。

「何も困っていないうちから公的機関に相談するなんてずうずうしい」と考えてしまう方が多いのですが、潜在的な要介護者がどこにどんな状態でいるのかをつかむだけでも包括にとってはありがたい。相談が遅くなるより早いほうが、全員にとってずっといい結果になります。私はよくこのたとえを使うのですが、消防だって大火事になってから呼ばれるよりも、ぼやで済むうちに出動できるほうが助かりますよね。それと同じです。

――ちなみに、包括に相談する際に親本人の了解は？

川内 要りません。子どもの判断で早めに相談するほうが、本人のプライドを傷つけないためにもいいと思います。

――しかしながら調査によると、公的支援を依頼する前に親本人と話す、という人が全体の78・3％と、圧倒的に多かったです。

親の了解を得ずに支援を頼むことに抵抗がある

●公的支援を依頼する前に本人と相談する？

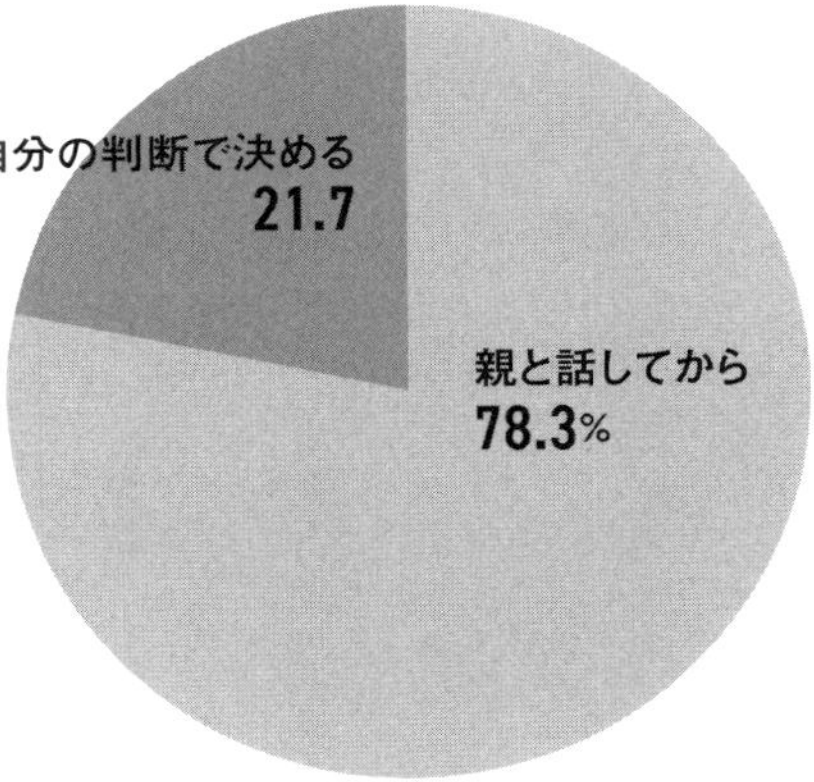

注：回答者数は718人、調査Aの結果をもとに編集部作成

川内　困りましたね。介護の支援は、なんなら赤の他人が相談してもかまわないんですが。

――他人の親について包括に相談するケースがあるんですか？

川内　はい、たとえばマンションで、隣の部屋の人が独り暮らしで、認知症の気配がある、といった場合でも、包括に「こういう人がいて心配なのですが」と相談することは可能なんです。

恐れていた退場宣告が

後手に回ってしまった私は、実家通いを続けながら母親を説得し続けた。ストレスで体調はぼろぼろだ。それでも、母は息子が面倒を見ることを、心の中では喜んでくれているはずだ。これも親孝行と思って、自分が頑張るしかない。2カ月ほどかけてようやく要介護認定の申請ができたが、その間は平日も潰れ、もはや仕事どころではなくなってしまった。

万策尽きた。困り果てて、「個人的な問題ですみません」と詫びつつ、今の状況を洗いざらい上司に話した。返ってきたのは、恐れていた言葉だった。

「そんなことになっていたのか。大変だね。この際、ゆっくり休んで親孝行してきたらどうだ」——。やんわり退場宣告されてしまった。自分はもはや戦力外なのだと思い知る。しかし母のために受け入れるしかない。

そして私は現場を離れ、通算で93日の介護休業をほとんど使い果たすまで母の介護をした。これでもう辞めるしか道はない、と思っていたところに人事部から呼び出しがかかった。

「親の介護のために退職したい」と言ってくる管理職が続々と現れ、このままでは経営が立ち行かなくなると、緊急の経営課題として対応することになったらしい。

会社に事情を明かさないまま、静かにギリギリの状況に追い込まれている同世代の管理職がそれだけ多いということか。しかし、社員の親の介護について、会社にいったい何ができるというのだろう……？

川内 再現ドラマ、おつかれさまでした。最後はギリギリで介護離職を回避できそうで、よかったです。

―― いや、会社の経営側が本当に有効な手が打てるかどうか、まだわからないですけど。

川内 企業の個別介護相談に行くと本当にこんな感じで、親の介護を包括や会社などに相談せずに、自分で抱え込んでしまう会社員の方が多いんですよ。時間がたてばたつほど親御さんの状態は悪くなりますから、どんどんしんどくなって追い込まれてしまう。

―― 老化は病気じゃないですから、時間をかけても治らない。むしろ状況は悪化する。

川内 そこは大事なポイントですね。「介護は撤退戦だ」という、介護ルポ『母さん、ごめん。』シリーズの著者、松浦晋也さんの名言をぜひ知っておいて頂きたいです。

介護は撤退戦、考え方としては事業縮小に似ている

―― 言い換えると「介護は撤退戦だ」と認識しないで、攻めの姿勢て、状況を改善しようと考えてしまうから、問題がどんどん大きくなってしまうんですね。

川内 そうです。ビジネス書っぽく言いますと、介護は「粛々と事業を縮小する」という意

識で向かうべきものなんですよ。

そもそも老化って人間の宿命です。体力、気力、記憶の衰えが、誰にも必ず訪れる。それに対応するのが介護です。なので「新しい市場に参入してシェアを取りにいく」とか、「失った顧客を取り戻す」といった攻めの意識ではなく、「縮小していずれ消える市場から、犠牲をできるだけ抑えつつ撤退する」意識で対応するのが正しい。店舗を畳み、社員を減らし、その間の損失を極小化することを目指す。それが介護です。

――老化は病気じゃないから、若返って機能を取り戻すことは基本的にあり得ない。そんなことは、大人ならみんな知っているわけですが、こと自分の親だと冷静になれなくて、「ちゃんと世話をすれば回復してくれるのでは」「リハビリで治るのでは」と、期待してしまいます。

川内　わかります。いくら「介護は撤退戦」と理解しようとしても、「親に元気な頃に戻ってほしい」という思いはなかなか抑えきれません。

そして、服薬忘れ、食べ散らかし、失禁といった「情けない」姿を見るたび、子どもは親の老いと、もう戻ることはないのだという現実を思い知らされて、悲しみ、時に怒りを覚えるわけです。親を怒鳴りつけたり、無理なリハビリを強制したり。

――自分も母親の脚が弱くなったことにいら立ち、「運動が足りないからだ」と、バスに乗せずに無理やり歩かせたことがあるんです。それで母に運動の習慣が付くわけもなく、その後「あれは虐待では」と、自責に苦しみました。

川内　いやいや、Yさんのそれは全然たいしたことじゃないですよ。私、「泣きながら握りこぶしで親を殴りつけている現場」に、何度飛び込んで「やめましょう」と止めたかわからないですから。本当に残念なことですが、親を思うが故に自分で介護することは、子どもにそれほどのストレスをかけてしまうんです。

「親不孝介護」は「会うのがつらいなら、会わない」

――だから川内さんは「親不孝介護」を主張しているんですよね。介護は、周りから見たら親不孝に見えるくらいでちょうどいい、と。

川内　言葉はちょっとアレかなと思いますが、気持ちとしてはその通りです。老いる親の姿は、子どもに強烈なストレスをかける。だったら、距離を取って直に見たり話したりしないほうがお互いにとって楽だし、介護の質も高くなる。

──「親を見ているとつらいんです」と川内さんに話したら「だったら会わなければいいんですよ」と言われたときの、縛りが突然緩んで、ぽかーんとした気持ちを今も覚えています（笑）。

川内　もちろん、会わずに放置する、ことを勧めているのではないですよ。包括に早めに相談して、第三者が支援をしやすい環境をつくって、親御さんが望む支援を与えてあげられるようにするのが、本当の意味での親孝行につながる介護だと思います。

子どもは親の老いや死を冷静に受け容れられない

──子どもは介護を「撤退戦だ」とわかっていても心の中では抵抗があるから、冷静に戦える第三者に任せるべきだ、ということが、親不孝介護の真意ですね。

川内　そう、子どもは親の撤退戦を冷静に見守ることができない。これは介護のプロでも同じなんです。介護職が研修で最初にたたき込まれるのは、「ここで身につけた技術を自分の親の介護に使おうとしてはならない」ということですから。どうしても過度に面倒を見てしまい、結局、親のできることを減らしてしまうんです。

――うーん。さっきちょっと思ったんですけれど、「撤退戦」を受け容れるのが難しい、という話で。

川内　はい。

――あれはつまり、親の介護を撤退戦だと認識するということは、親の老い、そして死を受け容れる、ということだからじゃないでしょうか。

川内　はい、その通りです。はっきり言えば我々は、親の死を考えること自体をタブーにしてしまうところがあります。これはおそらく親だけじゃなくて、他人の、自分の死についてもそうですが。

まして親本人のそばにいたのでは「この人はいずれ死ぬ」と受け容れるのはますます難しい。だから第三者であるプロの介護職に依頼し、ケアプランの作成を手伝ってもらい、実務を担当してもらうことで、あえて親と距離を取る。そこまでやって、子は初めて親の「撤退戦」と、冷静に向き合える。そういうことだと思います。

――なるほど、その意味では私のような遠距離介護のほうが「自力の介護は物理的に無理、プロに任せよう」と割りきって決断しやすいですから、親と必要な距離を維持する上では有利かもしれませんね。それでも親を東京に連れてくるべきかと悩んで、川内さんに止められたわけですが。

危うさを理解しないで法改正を迎えると……

川内　さて、ここでようやく2025年4月に改正・施行される育児・介護休業法の問題に入ります。

――この改正の目的をざっくり言うと、企業は介護支援制度とその利用を従業員に超アピールしなさい、ちゃんと制度を使わせなさい、ということですね。

川内　そうですね。でも、介護で親と向き合った子どもが抱え込む、こうした心労や悲しみを理解していないまま、介護支援策の利用を呼びかけるのは大変危険だと思います。

たとえばテレワークです。改正で、テレワークがしやすい環境を整えることが企業の努力義務となりました。仕事の時間や場所を柔軟に調整して、介護体制の構築、たとえばケアマネとの打ち合わせの時間捻出などに活用すれば、仕事と介護の両立にとても有用です。

――いやでも、テレワークと介護と聞いたら、ほとんどの会社員は「これで家で親の面倒を見ながら仕事ができる」と受け止めますよね。

川内 それって、最悪です。「親の老いと向き合うストレス」と「仕事のストレス」に同時に直面することになる。「仕事をしていても、認知症の親はかまわず話しかけてくる。ようやく離れて台所に行ったら行ったで『やかんを空焚きしないかな』と気になって業務に集中できない」、そんな訴えがもう個別介護相談で続出しています。親の老いを見せつけられ続けながら仕事なんて、できるんでしょうか。

――そして冷静に考えると、仕事をしながら介護、って、何をするんでしょうね？

川内 私も「テレワークしながら介護を」という話が相談で出るたびに、じゃ、テレワークで仕事をしながら何をするんですか、と聞くんです。そうすると「見まもりとか」という返事が返ってきます。

――見まもり。

川内 介護の見まもりって、超絶難しいですよ。特に肉親だと。

――見ていて、危ない状況になったら手助け、じゃないんですか？

川内 親子の情愛が正しい介護と相反することがあるんです。たとえばプロの介護職は、要介護者が立ち上がるのに苦労していても、本人の身体機能維持のためにあえて手を貸さず、見まもることもあるわけです。

——そういえば母の家に来ていたヘルパーさんが、「〇子（母の名前）さんのできることを減らさず、できるだけ維持していくことがとても大事なんです」と言っていました。

川内　親への自然な情愛が、親のできることを減らすことにつながってしまう場合もあるわけです。でも、目の前で立とうとして苦労している親がいたら子どもは助けたいですよね。ましてや「助けてくれ」と親から言われて「ごめん、お父さんのために手助けしないほうがいいんだ」と返せる子どもはいないし、言ったら子どもの心も親の心も傷ついてしまう。

それにそもそも、あなたの仕事は、親から目を離さずにいられるほど集中力がなくてもできるんですか？　という疑問もあります。

——たしかに……。

「介護は自己責任」という先入観をまず壊せ

川内　そして「介護は撤退戦」「親と距離を取る」という理解は、まだ社会に広がっていません。「親の面倒は子が見るのが当然」「個人的な問題なのだから、公の力を借りず、できるところまで自分で責任を持ってやるべきだ」という、昭和の大家族時代の常識がまだまだ生き残っています。

――その常識が生き残ったまま、企業が法改正に対応して「うちの介護休暇、休業制度を活用してください」と強くアピールしたら、どうなるでしょう。

川内「それは、仕事を休んで親の介護をしろということだな」と理解してしまう社員が続出しかねないでしょうね。つまり、自分でやる、という昭和の常識を会社が追認しているように見えるでしょう。

――そうなると結果は、最悪、再現ドラマで見たような介護休暇・休業を経ての離職。企業の中核である管理職の間でこうした動きが広がったら、まさしく経営問題です。

川内それに休職の時間が長くなればなるほど、休んだ社員の現場復帰のハードルは高くなりますよね。介護の場合、子どもが面倒を見てしまうと親の依存が進みます。そして、家族では手に負えない状況になっても「この子に面倒を見てもらいたい」と、公的支援を拒むようになる。言い方はおかしいのですが「介護で仕事はできるだけ休まないほうが、親にも会社にも本人にも社会にも、誰にとっても得」なんですよ。

――でも、「介護支援イコール介護休暇」くらいの認識が社会一般にありそうです。

川内さすがにHR系の人は自力介護の弊害をご存じなのでそこまで低レベルじゃありませ

んが、そういう勘違いは企業内にはいまだに厳然と存在しますね。

介護支援の体制構築のために休暇は必要です。でも、「介護休暇」＝「自分で親の介護」と短絡しがちな今の状況下では、すごく荒っぽく言えば「休ませない」ことこそが、有効な介護支援だったりするんです。

——ちょっと別の角度から。自分で介護する理由として「費用」を挙げる人も多いようです。自分でやったほうがお金がかからない、ということですが、こちらについては。

川内 これも誤解があると思います。延べ3000件以上の個別介護相談を受けてきた経験で言えば、「自分で介護する時間を極力減らすプランを組む」か、あるいは「親の年金で入れる施設を探す」、このどちらも費用的な制約で不可能なケースはまずありません。

——ということは？

川内 自力介護の理由に「費用」を挙げる方は、おそらく、自力介護を正当化するためにそう言っているのではないでしょうか。「親は自分に介護されることが幸せなはず」「自分で介護しないと周囲から非難されるのでは」という思い込み、あるいは恐れが、「親を他人に介護させる」という考えを遠ざけ、それを合理的に説明するツールとして費用を持ってくる、という。

優秀な会社員ほどハマる罠

川内 やっかいなことに、会社員として優秀な人ほど自力介護にのめり込んでしまう、という実態もあるんです。

――なぜでしょう。

川内 優秀な会社員は「課題を分析し、対応策を考え、トライアンドエラーを繰り返して目的を達成してきた」経験があるはずですよね。そこで、親の介護についても仕事と同じように、対策と努力で突破しようとするんです。

介護の基本は撤退戦ですから、現状維持でも上々なのですが、優秀なビジネスパーソンは「状況が改善しないのは、自分の努力がまだ足りていないからだ」と考え、ますます深みにはまるわけです。「もっと介護技術を身につけて親の面倒をしっかり見たい」と、介護福祉士の資格を取る人もいます。

――手じまいすることが見えている事業に、ありったけの営業努力を傾けるかのような……気持ちはすごくわかりますが、切ないですね。

川内 優秀な人たちだけに、一度「これは撤退戦だったか」と腑《ふ》に落ちれば、しっかり割りきって状況を立て直しますよ。これは推測なのですが、会社でリストラを主導した経験がある人ならば、こうした介護が持つ性質を理解するのが早いかもしれないですね。

「人に迷惑をかけたくない」という気持ち

——もうひとつ、自分もそうでしたが「私事に他人の力を借りたくない、人に迷惑をかけたくない」という気持ちも、会社の支援策や公的な介護支援への抵抗につながる人が多そうです。できるだけ自分で頑張って、それでどうしようもない状態になったら頼ろう、と。

川内 これまた「介護は自己責任」という考えの根強さをうかがわせる話です。

——「周りに迷惑をかけたくない」という思いが、会社員を離職に向かわせる面もあるのかもしれません。

川内 しかし、公的支援を使うのが早ければ早いほど、実は導入がスムーズになって、本人も、家族も、そして社会も負担が減る、というのが事実です。そして少なくとも我が国の介護保険制度の下では、外部の力を親の介護に積極的に使うことが推奨されているんですよ。

でも実際には「介護保険料を支払っている」という事実さえ認識していない人も多いし、

包括を知らない人が世の中の大多数です（介護保険料は満40歳から「社会保険料」の一部として納付、65歳以降は介護保険料名目で納付もしくは年金から天引きされる）。

――この章の締めに、改めて心得としてまとめておきましょう。

①介護は撤退戦
②自力でやらない
③包括（地域包括支援センター）を入り口に公的支援につながる
④公的支援の要請に親の了承は不要
⑤親からのストレスを受けない適切な距離を取る

川内　仕事と介護の両立は、これを知っているだけでぐっと楽になるはずです。自分で親を介護せずに、仕事と両立できる介護の体制をできるだけ早く整える。短期間の介護休暇はその体制構築のために使う。通算で93日ある介護休業は分割して、入院、老人ホーム選び、そして看取りの際に使う。これは厚労省もそのように推奨しています。

――自分で介護するための休みじゃないんだよ、と。

川内　それをしっかり企業が社員に伝えることができるか。法改正の成否は、まず、そこにかかっていると思います。

第2章

法改正の意図が社会に役立つには企業側の理解がカギになる

―― 介護は子どもの責任「ではない」。社会のリソースを活用して極力個人の負荷を減らしながら、仕事と両立していくもの。でも、そういう認識がまだまだ広がっていない。

川内 はい。

―― そんな中で行われる2025年4月の法改正で、企業が法律で定められた介護休業・休暇制度や、自社の介護支援制度を〝周知徹底〟してしまうと、「自分で休んで介護せよということだな」と社員が受け止めてしまい、介護離職につながりかねない。というのが、川内さんの危惧でした。ただ、介護保険制度の元締めの厚生労働省も、「介護は自分でするものじゃない」という認識は持っているわけですよね？

介護は誰がやるものか、厚労省に確認してきた

川内 もちろんです。そもそも育児・介護休業法で定められている介護休業は、要介護の人1人当たり通算93日、介護休暇が年5日までです。介護の平均期間は4～5年、10年以上続く場合も珍しくないのに、ものすごく短いですよね。

―― 休める日数を見ただけでも、「介護休業を使って自力で介護」と考えること自体がお

かしい、とわかる。

川内 その通りです。冷静に考えれば介護休業・休暇制度が、自分で介護するための休みではない、ということは自明です。

介護休業は、これからどう介護をしていくのかを考え、ケアマネに相談して使うサービスを設計（ケアプラン作成）してもらい、必要な手配を行うための時間を確保する、そのための制度なんですよね。要介護度が上がればサービスも見直しが必要になるし、看取りの時期もいずれは来ますので、3回まで分割して取得できるようになっています。年5日までの介護休暇は、テンポラリで発生するであろう事態に対応するために使います。

――ちなみに「テンポラリで発生する事態」には、どんなものがありますか。

川内 珍しい例では、要介護者のお孫さんの結婚式が遠隔地で行われるので、家族が休暇を取得して付き添う、といったことがありました。

――あ、ちょっとほっこりしますね。

川内 実は介護で起こる突発事態は、気持ちに余裕があればだいたい対応可能なものなんです。その余裕を自力介護で奪われていると難易度が急上昇して、ますます追い込まれてしまうんです。介護者が「自分が全部やらなくていい、社会が支えてくれている」と認識していれば、短い休みでも有効に使えます。

――日本の介護保険制度は、家族ではなく社会が支える考えでつくられている。この点は繰り返し『親不孝介護』シリーズでご説明してきましたが、一度、責任を持っている方にハッキリ確認しておきたいと考えまして、担当者である厚生労働省の職業生活両立課の菱谷文彦課長に、介護に対する考え方を直球で聞いてきました。

Q 「介護は自己責任、子どもや家族が受け持ち、それで追いつかなくなったら初めて公的支援に頼る」という意識が日本社会には強いと思いますが、厚生労働省はどう考えているのでしょうか？

厚労省　菱谷文彦課長（以下、菱谷課長） 私を含めて、厚労省の人間は「自助、互助、共助、公助」みたいなことをよく言いますね。介護はどうかと言いますと、措置制度でなく、40歳以上の方に毎月保険料を支払って頂いている「保険制度」ですから、被保険者にとっては権利化されたものと言えます。

ですので、「介護が必要になったときには、ちゃんと使ってくださいね」というのが基本です。

Q 育児・介護休業法で、「家族を介護する労働者は、対象家族1人につき、通算して93日まで、3回まで分割可能なものとして、介護休業をすることができる」とされています。この日数の根拠と、考えられている使い方を教えてください。

菱谷課長 93日間という日数は、脳血管系疾患のモデルをもとに、家族が介護に関する長期的方針を決定するまでの期間として設定されたものと言われています。一方、介護はよく先の見通しができないと言われます。従って、介護の実務に休業して自ら専念してしまうのは就労継続の観点からは悪手と言えます。いつまで続くかわからず、93日で終わるものではありませんから。

ですので、介護休業制度は「介護の体制を整備する期間を確保するためのもの」と考えて頂いた上で、93日間の「介護休業制度」のみならず、「介護休暇制度」（対象家族1人につき年5日、2人以上で年10日まで。時間単位で取得可能）や短時間勤務等の介護両立支援制度をうまく組み合わせて頂き、企業やケアマネジャーともよく相談をしながら、その人に合った働き方の見直しと介護サービスをうまく組み合わせて頂きたいと思っています。

Q 今回の法改正の目的を簡単に教えてください。

菱谷課長　ひとつは介護休業等の「個別周知」と「意向確認」を事業主に義務付けたことです。労働者が介護に直面した旨を申し出たときに、当該労働者に対し、介護休業や介護休暇等の介護両立支援制度の情報を個別に周知し、制度利用の意向を確認しなければならないこととしました。介護休業制度等の存在を知らないまま、介護離職をしてしまうという事態を避けるために、事業主は、「うちの会社にはこういう支援制度があるけれど、使いませんか？」と労働者に聞かなければならないことにしたわけです。

もうひとつは、事業主に対し、介護に直面する前の早い段階、40歳となって介護保険の第2号被保険者として介護保険料を払うことになった方々に、仕事と介護の両立支援制度に対する情報提供を義務付けています。その際、介護保険制度そのものの周知もできれば行ってください、としています。その上で、介護休業・介護両立支援制度等を取得しやすい雇用環境の整備として、研修や相談窓口の設置等のうちいずれかを講じなければならないことも企業の義務となりました。

Q　申請時に社員の意向を確認する、というやり方が出てきた背景は？

菱谷課長　令和3年の育児・介護休業法改正では、労働者が妊娠・出産等の申し出たときに、育児休業制度の「個別周知・意向確認」を義務付けました。「介護」でも同じ方法が有効だろう、という判断です。実際のところ、男性の育児休業取得率がこれにより急上昇しました。

Q 企業に対して、指針では、周知に当たってどのようなことを示していますか。

菱谷課長 指針では、「介護休業」というのは介護の体制を構築するために一定期間休業する場合に対応するものであるとし、「介護休暇」というのは、介護保険の手続きや要介護状態にある家族の通院の付き添いなど、日常的な介護にスポット的に対応するためのもの。「短時間勤務の措置等」は、日常的な介護のニーズに定期的に対応するためのものであることを、正しく理解して周知してください、と言っています。

もうひとつ、これは今回の改正ではありませんが、平成29年に、厚生労働省が、介護離職防止のために作成した「仕事と介護 両立のポイント」では、自分で「介護をしすぎない」こと、ケアマネジャーを信頼し、「何でも相談する」ことなど、6つのポイントを挙げています。

Q 今回の法改正が、会社員の介護を巡る状況にどの程度効果を発揮すると思いますか。

菱谷課長　行政側でできることは、仕掛けづくりまで、というところがあるのも事実です。たとえば、40歳の制度周知についてはすぐに効果を上げるというよりも、誰かが介護に直面した際に、本人や周囲の人たちの頭の片隅に、「まずは地域包括支援センターに相談するんだっけ、介護休業制度や介護休暇制度もあったよな」と思ってもらえるだけでも、改正の意味はあると思ってます。

――と、大変明確に教えて頂けました。実のところ、内心で思っていたよりもずっとまっとうといいますか、納得できるお話だなと感じました。同時に法律でできることの限界があるということも感じますね。やはり、実際に運用する企業側の対応が重要だなと、改めて思わされますね。

川内　よかったです。ただ、仕方がないことだとは思いますが、改正の背景には、「休業取得率を上げることは正しいことだ」という前提があるような気がするんです。

――川内さんが心配なのはわかりますが、休みが取れること自体は基本的にいいことですよね？　それに「休みを取るのは自力介護のためじゃないよ」と説明することで、まあリスクは避けられるでしょうから、大丈夫なのではないでしょうか?

相談に来る人はたいてい冷静さを失っている

川内 かもしれません。私が心配し過ぎなのかも……と思わないでもない。ですが、そもそも、育児の場合は社会保険上の手続きがあるので、子どもが生まれたら会社に告知することになるわけですけれど、介護の場合は、もし親御さんが要介護認定を受けたとしても、あるいは入院しても会社に言う義務はないですし、基本的に言わないんですよね。

―― 調査を見ても、自分からは言いづらいようですね。

川内 考えてみれば、会社に「休みをくれ」と言うことって、会社員としては相当な覚悟が要るじゃないですか。

―― 昔より相当マシになったとは思いますが、言うとき緊張はするかも。

川内 じゃあ、「介護で休ませてください」といつ言うかといったら、ピンチになって自分が働きながらではどうしようもなくなったとき、ですよね。

―― 再現ドラマ風に言えば、実家で母親を介護してくれていたお姉さんが突然倒れちゃった、とか。追い込まれたタイミングでやっと言う。

川内　「親元を離れた自分の代わりに、姉ちゃんが一生懸命介護していた。だけど無理がたたって体調を崩しちゃって、あっちの家庭まで大変なことになっている。親と姉、両方の家が崩壊しそうだ。今までの不義理を返すためにも、自分がもう行くしかない」とか。

――　うわー、リアル。

川内　いやいや、実際に相談に来る人は本当にこんな感じなんです。大ピンチだ、と悪い意味でテンションが上がっている。こうなっている人に対して、「休暇は取れますけれど、これは体制づくりのためですよ」と説明しても、もう通じないですよ。「姉ちゃんの代わりを俺がやるんです」と決意を固めていますから。

――　明確に「自分で介護して急場を乗り越えるんだ」と、もう思い込んでしまっている。その状態で「休暇をくれ」と言っている。

川内　そういうことです。

――　法律上の設定としては、合理的な個人というか、冷静な状態の人を前提に置いている。でも、「親の介護」に唐突に巻き込まれたら、冷静な判断なんてできなくなっていて、「一刻も早く親の元へ行かないと」と焦っている、そういう人に「自力はダメ」と言っても、か。

川内　それで、なし崩しに自力介護が始まってしまうと、親は子どもを頼り、子は親を放っておけなくなって、ずるずると介護に時間と気力を割かれてしまいます。

要介護5の寝たきりのお母さんを介護していた人が、介護休業を期限ぎりぎりまで取得して、そして会社との面談で「復帰できる見込みがないので離職します」となってしまったことがあります。会社から個別介護相談の依頼があり、私もお話を聞きました。

――どうなったんですか。

川内「川内さんが言う通り、これ以上自分が母の介護に関わらないほうがいいことは理解しました。でも、もうすでに会社に私の居場所がありません」とおっしゃっていました。

――うーん。理屈はわかっても、気持ちが受け付けてくれないんでしょうか。

川内　そういうことかもしれません。

――そういえば、「安易に自分で介護をやっちゃダメだよ」と、法律にも書いてあるということでしたが、それはブレーキにならないでしょうか。

川内　書いてあっても、ちゃんと法律の条文まで読むなんて普通の人はやりませんよね。仮に、読んだとしてもその意図をくみ取るのは無理だと思います。ちなみに、条文にはこう書いてあります。

育児・介護休業法　十三の三　子を養育する労働者及び家族を介護する労働者に対して措置を講ずるに当たっての心身の健康への配慮に関する事項

子を養育する労働者及び家族を介護する労働者に対し始業時刻変更等の措置や在宅勤務等の措置を講ずるに当たっては、夜間の勤務や長時間労働等により心身の健康に不調が生じることのないよう、当該労働者について事業主が配慮を行うことや、労働者自身による心身の健康保持を促すことが望ましいこと。たとえば、在宅勤務等の措置において「テレワークの適切な導入及び実施の推進のためのガイドライン」等に沿った適正な労務管理をすること、面談を実施し労働者の健康に関する状況を把握し配慮すること、勤務間インターバル（前日の終業時刻と翌日の始業時刻の間に一定時間の休息を確保することをいう。）を導入すること等が考えられること。

――う、うーん。これは正しいと思いますし、一般論としてはよくわかりますが、自力介護が引き起こす深刻な問題について、人事なりHRなり、申請の窓口になる人があらかじめ理解していないと、そこまで重大な話とは思わないかもしれません。「大変ですね、無理はしないでとにかく体に気をつけて、お母さんの介護頑張ってください！」くらいで終わりかねない気がします。

川内　法律の条文に事細かに理由や具体例を書き連ねるわけにもいかないので、このあたりが限界なんだろうとは思います。でも、だからこそ、支援制度の窓口になる人がまず「介護とはこういうもの」と認識していないと、この条文を読んでも「ああ、これは自力介護を強く戒めているんだな」ということまではわからないでしょう。

――担当の人が、本書でここまでに書いていることだけでも理解していればなんとかなるかもしれませんが、もし介護に対してのイメージが「親孝行」のままだったりしたら……。

川内　Yさんの言う通り「無理はしないで頑張ってくださいね」くらいで、済ませてしまう可能性は高いと思います。

実感としてですが、突然親の介護が始まった人の思考は、かなり追い詰められて視野が狭くなっています。自分が介護の現場でどう親のために役に立つのか（現場では素人はほぼ役に立ちません）とか、自分の今の仕事や将来のキャリアに対してどんな影響が出るのか、とかは、ほぼすっ飛んでいます。もう心情的に、とにかく不安で、親の顔が見たい、そしてそばにいたい、と。

――それは人としてはものすごくもっともなことですよね。

川内 そう、もっともです。よくわかります。だけど冷静さを失っているから、合理的な説明が耳に入りにくい。そして、「とにかく近くで面倒を見たい」という気持ちのまま、いざ親に会うじゃないですか。で「うわ、これは大変だ、放っておけない」と思う。

――それはそうなりそうです。それももっともな気持ちで。

川内 はい、でも、ここでよくないのが、子どもとしての気持ちが会社員として培った課題解決思考を暴走させるんですよ。「俺がそばにいて、転ばせないようにしよう」とか、「毎日いつも話しかけて、ボケさせないぞ」とか考えて、「うちの会社は長期で休めるんですよね」と、介護休業を申請してしまう。でもいくら頑張っても時間があっても、老化を止めるのは無理です。私がいきなり「システムエンジニアになって生成AIをつくるぞ」と言うのと一緒です。お子さんがいきなり正しい介護ができるなら、我々のような専門職は要らないですよ。

――冷静に考えればわかることでも、親の状況を目にしてしまうと「自分が」なんとかしたい、なんとかせねば、と思ってしまう。

川内 何度も言いますが、その気持ちも理解できるし、貴いと思うんです。本当に。でも、それは親御さんにも自分にも、会社のためにもならない。

休まないほうがいい介護になる

なかなかこういう心情的なところから脱出できないのであれば、「介護で休みが取れます」ということは、事前周知しないほうが私はむしろいいんじゃないかなと思ったりします。親や家族がピンチだ、という状況で「休暇制度がありますが、使いますか」と意向確認をしたら、誰でも当然「使います」と言うでしょう。でもそれは、必ずしも仕事と介護との両立への道につながらないんじゃないか。

――なるほど。

川内 さらに踏み込んで言えば、実態としては子どもが休まないほうがいい介護になっているんです。仕組みをつくって、プロに任せたほうが、親にも子にも、どちらにもいい結果につながります。

――えっ、そうなんだ。

川内　そこで驚くような社会状況の中で、制度の発信と休業・休暇の取得率向上が目的化してしまうと、社員の皆さんに「休んで自力で介護だな」と、ミスリードされるリスクが高くなってしまう。そこを危惧しているんです。

企業の〝困った〟介護支援策

――やっぱり、企業側の担当者の意識が法改正の結果を大きく左右しそうですね。

川内　知人の産業ケアマネは「社労士資格を持っている人事担当者の方から『うちは介護が必要になったときには、介護休業を取らせています』と、得意げに言われた」と言っていました。

――おっと。

川内　そこまではよくあることなんですが、さらに「介護中の家族の中で情報を共有してもらって、『今回はあなたが勤めている会社で介護休業を取得、次はあなたの番』みたいな感じでやってもらっています」と、はっきり言いきられたそうです。

――自力介護するには介護休業が短いからって、家族全員の勤務先で取るのか。

川内 さすがに「介護休業はそのときどきの状況に合わせて取得したほうがいいし、なんなら取得せずとも仕事と両立できるようなサポートの仕方がいいですよ」と伝えたら、「えっ、そうなんですか」と驚かれたんだとか。

―― う、うーん。

川内 あと、かなりの大手企業で「うちは、介護で3年休めるので大丈夫です」と言われたこともあるそうです。「いや、3年も休ませたら帰ってきませんよ」という話ですよね。

―― 親の介護に入る年齢で、現場から3年離れるというのはちょっと厳しい。

川内 「今まで通り働いて、休業・休暇を上手に利用して介護体制をつくり、運用しましょう」というのが産業ケアマネのスタンダードですけど、そこにはまだまだ企業の担当の人とのずれがある。そういうことをよく聞きます。

―― なるほど。

川内 とはいえ、「仕事との両立支援制度はないから、介護するなら退職して」と真顔で言う会社もあるので、ある意味贅沢な悩みなんですけれどね。

―― げっ。そんなときはどうすればいいんですか。

川内 そういうときのために厚生労働省があるんです。明確に法令違反ですから、全国にある厚労省の「雇用環境・均等部（室）」に相談しましょう。ネットで検索すればすぐ連絡先が出てきます。

まあ、それは論外ですが、悪意ではなく「介護は自己責任」という社会の思い込みのせいで、困った支援策が打ち出されているケースも少なくないですね。

会社でおむつの交換研修をやるべきか？

――困った支援策？　というと。

川内　よくあるのが「介護のために新幹線通勤を認めます」ですね。

――あっ、これは34ページで川内さんが怒っていたテレワークと同じことになりますね。

川内　あと、おむつの交換研修をやります、とか。

――えっ、そんなことが。

川内　おそらく従業員の方から、組合を通して要望があったんだと思います。家族の世話を家族がしたい、という気持ちからのことですし、無下にしにくいのもわかります。わかるんですが、やっぱりおむつ交換研修を会社でやるべきではない。その先に何があるかというと、当然、親のおむつ交換をしたくなりますよね。まめに交換して気持ちよくしてあげたい。たしかにそうなんです。でも、その負荷は確実に子どもの精神と肉体にかかってきます。作業的にも大変だし、気持ちとしてもなかなか耐えがたい。

――ですよね。

川内 本当に難しいところなんですが、自分で技術を持って親の介護をよくしよう、と考えるのは危険です。そこから、あれもしてあげたい、これもしてあげたい、と、どんどん無理を重ねる方向に行きがちだからです。優しくて親思いの人であればあるほど。

でも人間には限界がある。作業としてもしんどい上に、それを通して親が衰えていくことを直視し続けることにもなる。結局、ストレスで不満がたまって、自分にも親にも不幸なことになるのではないか。外から見たら美談でも、大事なのは親と自分、そして家族だと思います。「もっと頻繁におむつを替えてあげられないかな」と思ったら、スキルを磨く前に、まずケアマネに相談すべきです。

――まめに替えれば替えるほどいい、とはならないんですか。

川内 必要なのは、こまめにおむつ交換することではなく、「できる範囲でやればいい」という老いの受け入れではないかと思います。家族の負担感や、夜間の交換で本人の安眠が妨げられる、ということも含めて総合的に評価したら、頻繁なおむつ交換を目標にするのは誤っている、と私は考えます。

親の物忘れを防ぐためにとにかく話しかけたり算数ドリルをさせる、デイサービスの日を覚えてもらえるように毎日何度も声かけする、リハビリと称して階段の上り下りや散歩を強要する、などが「あるある」ですが、自分が親の老いを受け入れたくないがために、親御さんにも、そして自らにも無理を強いてしまっているのでは、と思いますね。

――このあたりは踏み込んでいくと「親との精神的な別れ」まで行きますね。ちょっと話を戻しましょう。

川内　まあ、会社側の担当者の中には、意識を変えて頂きたい方もいますが、おそらく大多数の方は、ここまで述べたようなことは理解されていると思います。でも、さらに大きな問題が……。

――なんでしょう？

川内　そもそもほとんどの企業は、介護に関して社員から期待も信頼もされていないようなのです。

第3章

バレたらポジションを失う？
介護を隠す社員と
会社のすれ違い

川内　会社がこと介護支援については社員から信頼されていない、それがどうして問題か、という話の前にクイズです。世界の中で日本の公的介護支援の仕組みは、世界の中で比較するとどの程度のレベルだと思いますか？

――たぶんかなり上のほう……ですよね。

川内　私は世界トップだろうと思います。

――世界一、そこまで？

川内　評価の物差しはいろいろありますけれど、まず、介護は個人や家庭ではなく社会が担うものだ、という意識でつくられ、どのような状況の人でも救おう、と考えて、そのために必要なシステムを良心的に組み立てています。ですので、国が用意する介護の仕組みとして、世界一と言っても過言ではないでしょう。

――そうなんですね……。自分も母の介護を通して「よくまあ、ここまで面倒を見てくれるものだなあ」と感心したことがあります。

川内　Yさんは、公的介護支援でお母さんの生活を支えることで、バリバリ働けているわけですよね。

――です。正直言って、普段は母のことを思い出すこともありません。そのくらい安心しきってお任せしていますね。自分が冷たいのかもしれませんが。

川内　いやいや、親は子どもが前向きに人生を生きていることがなによりの心の支えになるんです。Yさんがフルパワーで働けているということは、日本の介護支援制度の勝利の証し、と言っていいと思いますよ。

高性能な分、すごく扱いにくい日本の制度

――そんな世界最高の日本の介護支援制度に弱点はないんでしょうか？

川内　それが残念ながらあるんです。

――どんなところが。

川内　網羅的で、様々な状況に対応するようにつくっていることもあって、ものすごくわかりにくいんです。制度を完璧に理解して使いこなすには、相当の経験者でないと難しいでしょう。企業の介護支援策づくりを手助けしているチェンジウェーブグループの創業者、酒井穣氏は「日本の介護制度はF1のようなもの」と指摘していました。

――高性能だけど、素人じゃまともに走らせることができないってことですね。そうなる

と、我々はどうすれば。制度を使いこなせるように勉強しないとでしょうか。

川内　いえ、逆に「制度をすべて理解しよう」とは考えないほうがいいと思います。難解だからこそ、包括やケアマネが存在して、その人に合ったプランを考えてくれるわけですから。むしろ利用者の皆さんは、自分が持つ情報を早めに共有して、介護スタッフが動きやすくするほうがいいです。

介護制度の勉強をするくらいなら、その時間と努力はご自身のお仕事に使って経済を回したほうが、親御さんにもご自身にも、日本社会にとってもずっと意味があると思いますね。親の介護でお子さんがすべきことは、現場で親御さんを入浴させたりおむつを替えることではなく、専門家であるスタッフをうまくマネジメントする、管理職、社長の仕事なんです。

――このあたりは『親不孝介護』で詳しく話して頂きました。

川内　ともあれ、2000年4月1日にスタートした介護保険制度で、日本の介護の主体は「家庭」から「社会」に変わったんですね。介護を社会全体で支え合うために設けられた介護保険制度によって、40歳になれば保険の掛け金を支払い、それを使って親の介護を公的に支援してもらう。

子は、自分で介護に関わる時間をできるだけ短くする。それで得た余裕を生かして働き、経済を回す――。それが日本の介護保険制度の根幹を成す考え方になっています。

――社会保障費の負担が莫大なことから、日本の介護支援制度についてもいろいろなご意見はあると思います。ただ、介護している人なら「払っただけのことはある」と思う人も多いのではないかと、その一人としては感じています。

川内　もちろん、改善すべきことは山積みです。ただ、ここまで公が介護を支援する制度を持つ国は非常に少ないですし、Yさんのように、これがあってこそ働くことができるという人はたくさんいると思います。

会社は何もしてくれない？

――だったらですよ、企業が社員に「介護は自分でやるな、公的介護に頼れ。一刻も早くプロの支援につながれ。窓口は地域包括支援センターだ」と助言するだけでも、社員の介護関係の苦労やストレスは大きく軽減するはず、ですよね？

川内　はい。介護が始まる前にそんなふうに社員の介護リテラシーを高めておければ、仕事との両立はさらに楽になるでしょうね。

――ところがですね、介護経験者へのアンケート調査の結果を見ると、社員から見た会社の介護支援の印象は、すごく寒々しいんです。

・「東証プライム上場企業に勤務しているが、介護に関する社員へのアナウンスはない」（50代男性）

・「母を介護していたが、勤務先からは何も情報がなく、問い合わせても要領を得ない」（60代男性）

・「介護中、会社に支援制度があること自体を知らなかった」（50代男性）。

ざっとこんな感じです。介護経験者は自らの勤務先に厳しい視線を向ける人が多い。

川内　会社からは、介護保険制度の紹介もちゃんとされていないんでしょうか。

――そのアンケートもあります。介護経験者を対象とした調査では「介護を始めた時に、勤務先から介護保険制度について情報提供を受けたか」という問いに対して「情報提供を受けたことはない」とした回答が約4割でした。別途行った「日経ビジネス」の読者調査でも「勤務先からの支援はなかった（受けなかった）」という回答が46・5％です。

川内　もちろん、会社側の責任は大きいと思います。ただし一方的に会社を責めるわけにもいきません。会社の支援体制が不十分、ということは、裏を返せば「社員が支援を求めていない」ことの結果でもある、そんな可能性もありますよね。

――え、どういうことですか？

川内 企業で個別介護相談をやって思うのは「今までは、自分が介護を始めていると会社に言えませんでした」という人がものすごく多いな、ということなんです。

――川内さんの介護相談に手を挙げて、初めて会社に〝告白〟する人がたくさんいるんですか。

川内 そういうことです。

休暇利用者ゼロの裏で「隠れ介護休暇」が横行

川内 私のいわば同業の、産業ケアマネの集まりでよく聞くのが、人事の人に「うちに介護で困っている人はいませんよ。だって、介護休暇制度はあるけれど利用者はいないし、退職する人もゼロですから」と言われた、という話なんです。

ですが、実際に社員にヒアリングしてみると、「実は『介護のために休む』と言いづらくて、普通の有給休暇で対応している」と打ち明ける人が多い。

――「隠れ介護休暇」が横行しているんですね。

川内 介護への意識を育児と対比すると、すごくくっきりしてきます。介護は、介護休暇を取るどころか、親の介護をしていますと上司に言うだけでも抵抗がある人が多い。一方、出産報告や育児休暇をためらう社員は今時まずいないでしょう?

――たしかに。育児支援も導入時は制度を利用しようとすると「子育てのために仕事を休むの?」と驚かれたり、厳しい目が向けられていたと思います。今、ようやく男性の育休が市民権を得つつある段階ですかね。

川内 そう。そして介護については「職場で支援するもの」という意識が育児ほどには醸成されていません。

「介護している」と言い出しにくい雰囲気

川内 育児も介護も、どちらも言ってみれば「個人的なこと」です。だけど、周りへの言いやすさ、協力の求めやすさは全然違いますよね。表に出しにくくて要望が上がらないことが、企業の介護支援策が充実しない主因のひとつじゃないかと思うんです。

職場は「介護＝個人の問題」と考えている？

●勤務先の「介護」への意識は？

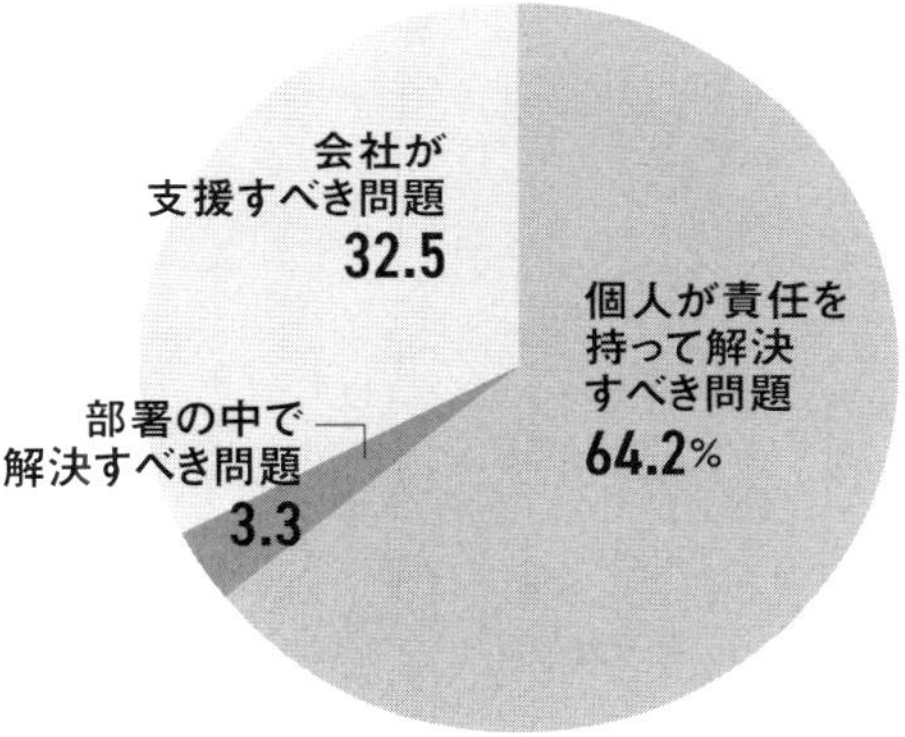

注：回答者数は456人、調査B（日経ビジネス読者）で、介護経験者かつ介護していた時期に働いていた人への調査結果をもとに編集部作成

――介護について、職場はどんな雰囲気なのかも調査があります。「介護は個人が責任を持って解決すべき問題」という雰囲気だと答えた人が64・2%と、「会社が支援すべき問題」という雰囲気の職場（32・5%）の2倍に達しました。自由回答では「親の介護で仕事を休むことについて、職場で謝罪させられた。やるせなく、介護の寝不足もあって鬱になった」（40代女性、中小企業勤務）といったコメントが寄せられています。

川内　うーん。

――こういう職場では、仕事と介護の両立の悩みを語ったり、そもそも介護していることを打ち明けたりするのは難しいでしょうね。

川内　もうひとつ個別介護相談でよく出るの

は「介護していることを会社に知られたら、『じゃあ、仕事に全力投球できないんだな』と判断されて、今のポジションを奪われるのではないか」という不安です。

――あっ、わかります。

川内 人事の人が私を呼んで、会社には言えないことも話せる個別介護相談の場を用意するわけです。クライアントは企業ですが、個人的な相談内容は人事には伝えない、という形で相談を受ける。そこまでしても、最初はなかなか心を開いてもらえないことも多いです。

――自由回答でも「（会社に相談する機会があっても）減給や退職勧奨のきっかけとするために、待ち構えられていると感じ、感情的に受け入れられず相談できなかった」（50代女性）、「勤務先に相談してもマイナスしか考えられない。今後も相談するつもりはない」（60代男性、大企業勤務）などなど、介護がキャリアに傷を付けると恐れる声がいくつもありました。

川内 「介護がバレたらペナルティーになる」とまで考えている社員が多い会社では、「介護のことは言えない、言っても何も変わらない」と、誰もが口をつぐんでしまいます。仕事と介護の両立が難しくて退職するとしても、届け出る理由は「一身上の都合」。

――そうなると、人事の側も果たしてどれくらいの社員が介護に直面しているのか、どんな課題で悩んでいるのかをつかむのが難しくなりますね。

板挟みに頭を抱える人事担当者

川内 そう、こういう雰囲気の中では介護支援策を講じようとしてもたいていうまくいきません。社内調査を行っても介護支援を強化してほしいという声は上がらないし、制度をつくっても利用者が増えない。経営層に介護支援策をと訴えても「必要だ、というエビデンス（証拠）がないじゃないか」と言われてしまう。

高齢化が進むのは誰が見ても間違いないですから、人事部はたいてい「放置しておくと介護離職のリスクが高まるぞ」と危機感は抱いています。ですが、「新型コロナウイルス禍後の社内の変化にリソースを割かねばならず、育児支援にもさらに対応を求められる中、社員から明確なSOSが出てこない介護は後回しにせざるを得ない」と、悩みを打ち明けられたりもします。

―― なるほど……悩ましいですね。

川内 ちょっとここで話を変えまして、企業の介護支援制度の事例を見てみましょう。

――希望の持てる、お手本になる具体例をお願いします。

川内 右の図は日本製鉄の子会社、日鉄ソリューションズの支援制度の概要です。

――社内ウェブサイトやハンドブックを通じて介護に関する基本的な情報を提供する。外部の専門家によるセミナーを開き、介護と仕事の両立について啓発する。それらすべての基礎に、介護への理解を促す社内風土づくりがある、と。

川内 企業内で完結するのではなく、会社を介して個人と社会（支援制度）をつなぐ、包括的な構成になっているところがポイントです。社内ですべてを抱え込むのは無理ですし、その必要もありません。この章の冒頭でYさんが言ったように、まさしく「世界一の制度と社員をつなぐ」ことと、介護への意識づくりを行うことを役割としているわけですね。

――なるほど。

川内 たとえば、社内のウェブサイトやハンドブックの配布で介護への意識を高めていき、私や産業ケアマネが実施するセミナーが「自分もいずれ介護が始まる」「もしかしたら今、自分は仕事と介護の両立に課題を抱えているのかもしれない」と、社員に自覚を促します。そこから、手を挙げてくれる人が出てくれれば具体的な個別相談につなぐ。支援が必要な社員がいれば、相談のフィードバックに基づき、上司が働き方を調整したり、介護体制を構築す

公的介護サービスの活用につなげる

●日鉄ソリューションズの介護支援制度

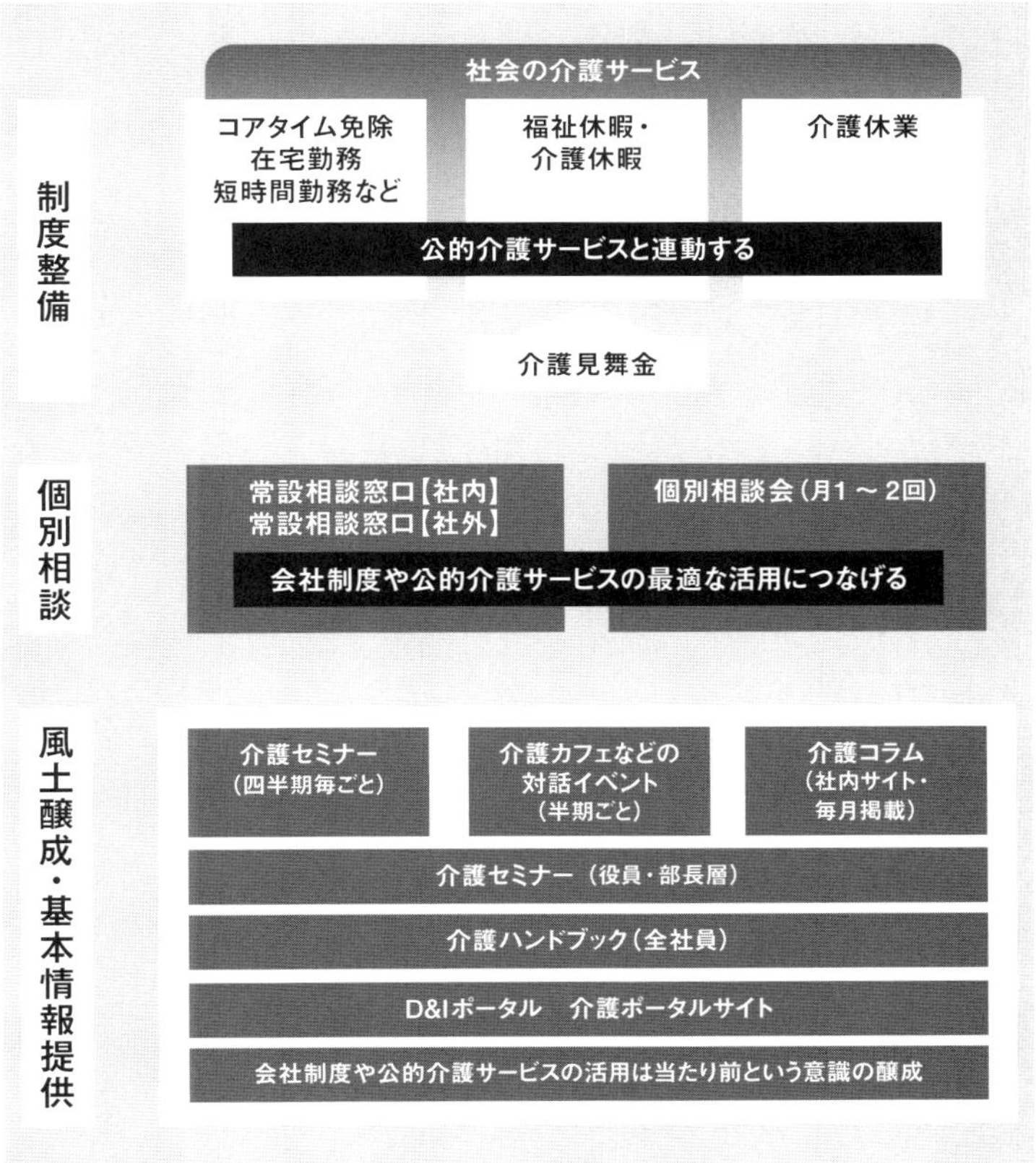

※日鉄ソリューションズの社内資料「NSSOLの介護との両立支援施策全体像」を編集部で再構成

るための休暇を与えたりする。そんな感じです。

――すばらしいじゃないですか。みんなこれでやればいいのに。

仕組みだけちゃんとしていても意味がない

川内 いや、介護支援って、仕組みだけいくらちゃんとつくってもあまり意味はないんです。

――えっ。

川内 情報サイトやハンドブックを用意している会社は世の中にたくさんあります。ですが、それで社員の意識が向上するわけではありません。だって見なければそれっきりですから。「親の介護が始まる前からこういう情報に接していれば、いざというとき楽だよ」といくら言っても、Yさんが介護本の刊行に踏み切る際に悩まれた通り、そもそも介護の情報には皆さん、腰が引けていますからね。

――そうでした。「介護」という字を見ただけで目をそらされる感じです。

川内 セミナーにしても、普通は出席が義務ではないので、「本人の意向とは関係なく、いや応なしに情報に触れる」という機会にはなりません。「介護か、自分はまだ早いよね」と思えば、仮に時間が空いていても仕事を優先するのが普通の人の気持ちです。

――おっしゃる通りです。でも、実際に介護が始まっている人は会社側の情報提供に興味を持ってくれるのではないんでしょうか？

川内 ここでもうひとつ、介護の情報提供が難しい点をお話ししますと、悩む問題が極めて多種多様ということがあるんです。

――多種多様、たとえば。

川内 たとえば、介護する親が歩けるか、介助が要るか、寝たきりか。食事は自分で取れるか、認知症の有無にその程度、子どもの住まいは実家か近所か遠距離か……と、いくらでも出てきます。そして、それによって必要な対応策がどんどん変わります。

――たしかに。

川内 その人の状況次第で、求める情報が大きく変わってくる。そうなると、通り一遍の本をなぞったようなセミナーやガイドブックでは……いや、もちろんそういう情報は必要なんですが、なかなか心に刺さらない。

――そういえば「一般的な介護セミナーを受講しても、解決策が得られず心の支えにならない」という自由回答がありました。

川内　もちろん、具体的な解決策を得たいならば、個別相談で専門家に詳しく状況を説明する必要があるんです。でも、その入り口になるのがセミナーなので、ここが型通りのものだと、社員の心の壁を打ち崩すのは難しいと思います。

――「この人なら相談してみたい」と響くようなセミナーができる講師でないと、出席者も、個別相談の利用も増えない。そういうことですか。

川内　たとえば介護はセミナーひとつとっても、そういう壁があるわけです。

育児は大変な負荷がかかりますが、情報収集に前向きな雰囲気が社会にありますよね。周囲も自然に「前向きに関わろう」と思える。介護は逆で、情報を避けがち。ゼロどころか、マイナスから始まるイメージがあります。

――言い換えれば、今の「育児」と同じくらいのイメージが「介護」にもあればいいのか。いや、でも、そんなことができるんでしょうか。

川内　一朝一夕には難しい。だけど、せめて社内の雰囲気だけでも「普通の話題として、お互いの介護について話せる」「周りが前向きに支援する」という状況にならないと、どんなに支援策に力を入れても空回りします。つまり利用者が増えないんです。制度の充実が周囲から高く評価されている一方で、個別介護相談に伺うと、両立支援につながっていないな、と感じる企業さんもありますね。

「仕事だからやってます」では伝わらない

――現実的な方法としては、支援制度を用意するのと並行して、会社の雰囲気を「介護についても話すのは当たり前」に変える必要がある、ということですね。

川内 そうです。逆に言うと、いくらいい仕組みがあっても運用する側、担当者が真剣に熱を入れてやっていなければ、社員の反応は鈍いままでしょう。でも残念ながら「ああ、介護の支援策ね。新幹線通勤の補助とかすればいいんでしょう？」というくらいの考えの人もいるんです。

――自力介護の危険性にすら気づいていないという。

川内 会社の窓口に思いきって相談に来る社員は、介護についても、果たして会社にどのくらい支援してもらえるのかについても、不安がいっぱいです。そこでもし担当者が「型通りに済ませよう」という意識で接すると、もともと持っている不信感が増幅されてしまう。

――「休暇は取れますので、あとは資料を読んで自分でやってください」とか、「介護はあなた個人の問題ですから」といった言葉が出ると、「やっぱり介護はペナルティー事項なんだ」と思われそうです。

善意の言葉が「戦力外通告だ」と誤解される

――実は今回の調査では「介護離職した人たちのほうが、会社に介護について相談していた」という、ちょっと首をひねるような結果が出ているんです。

川内　相談しているほうが離職者の比率が高い、たしかに不思議ですね。

――介護の状況は先ほども伺ったように千差万別ですから、生活状況を含む介護者・要介護者のステータスには多少の差はあると思うのですが、バックデータで見る限り、相談している、していない、のグループ間には、収入や年齢などで顕著な違いはないんです。

川内　なるほど。

――会社に相談して支援策を聞いてみたら、「これじゃどうにもならない」とかえって失望してしまって、退職に踏み切った、とか？

川内　そこまで決めつけることはできませんが、会社の対応が何かのきっかけになったとい

会社に相談すると離職の確率が上がる?

●介護について職場に相談したか

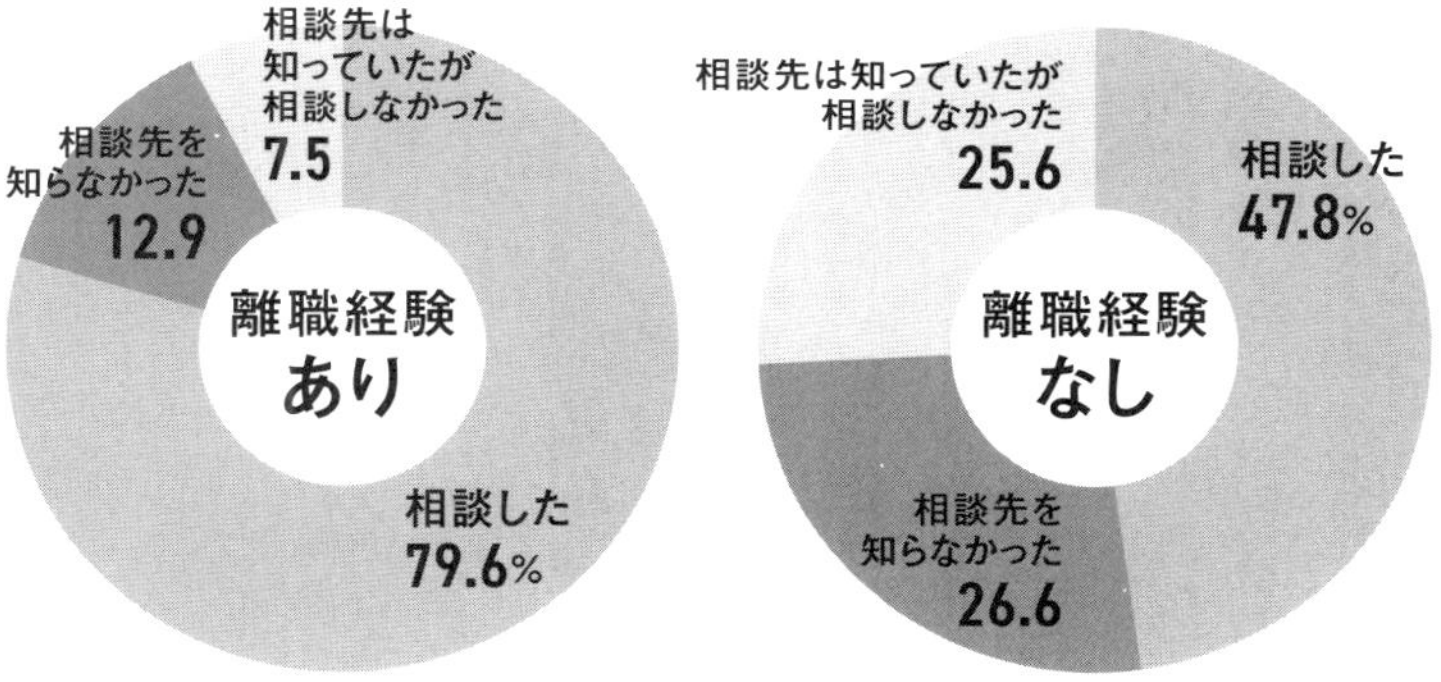

注：回答者数は「現在介護中・離職経験あり」279人、「現在介護中・離職経験なし」293人、調査Aの結果をもとに編集部作成

うことでしょうね。それを聞いてひとつ思い出しました。

――なんでしょう?

川内　企業での個別相談で「介護を理由に、会社から戦力外通告されました」と打ち明けてきた人がいたんですよ。

――えっ、まさにこのアンケートの回答者のような話じゃないですか。

川内　そうなんですが、でも、そんなことを言う冷たい会社がですよ、わざわざお金を出して私を雇って、社員の個別介護相談に当たらせるでしょうか。おかしいと思いませんか?

――言われてみれば……。

川内　そう考えて、「ちょっと落ち着いて伺いたいんですけれど、上司の方はあなたに何と言ったのか、実際の言葉で教えて頂けますか」と聞いてみたんですね。

――なるほど、で、その人の答えは？

川内 「介護ですか、大変ですねえ。とにかくゆっくり休んでください」でした。

――それは、54ページの。

川内 そうです。Yさんに再現ドラマを書いてもらうためのサンプルとしてお話ししたことなんですが、裏話はこういうことでした。

――川内さんのお話のメモを見ながら「ん？　これ退職勧告か？」とは思ったんですけれど、やっぱり上司は部下への思いやりから「ゆっくり休んで」と言っていたんですね。

川内 そうなんです。でも介護に悩んでいる人は、休みを取ることで上司や同僚に迷惑をかけてしまう、という負い目やプレッシャーを感じてしまうので、純粋に「さぞ疲れているだろうから、休養してほしい」という気持ちから出た言葉でも、「自分は会社から悪く思われている」というバイアスをかけて受け止めてしまう。

――それが「戦力外通告」だと。こんな話ってよくあるんですか？

川内 それが、よくあるんです。会社の支援策に接した人のほうが離職する、という数字の裏には、当事者のそんな気持ちがあるのかもしれませんね。

――しかし、言葉の受け止め方は人によって異なりますよね。その上司の人も、まさか自分の労りの言葉が退職勧告と思われた、とは想像もしないでしょう。完璧に対応することなんてできませんよね？

担当者がどこまで踏み込めるか

川内　その通りです。誤解を恐れるあまり、腫れ物に触るような対応になってしまったのでは、かえって相手の気持ちも動かないでしょうね。誤解が生じるのは、社内で介護のことを語る機会があまりに少ないからです。

仕事との両立を可能にして働き続けたい、と社員の多くは思っているし、現実問題として収入手段を失っては介護の前に生活が立ち行かなくなりかねません。会社のほうも、現場の戦力の介護離職を防ぎたい、と思っている。双方の目的は一致しているんですよね。

やはり重要なのは、年齢、役職、今介護に携わっているかどうか、などの条件に関係なく、介護が「いつ誰にでも降りかかり得る課題」として話しができる職場環境をつくること、です。25年4月の法改正はそのいい機会になる可能性もある、と思っています。

――その環境をつくるにはどうしたらいいのか。

川内 介護支援制度をつくる、外部のサービスを導入する、といった方法が浮かんでくると思いますが、実は、必ずしもお金をかけることが解決法ではありません。ひとつの分岐点は、現場のHR担当者が「介護離職はすべきではない。うちの会社はあなたを支えることができます」と、相談者にきっぱりと言いきれるかどうか、でしょう。

――これは難しいところですね。この質問を取材先の担当の方にしてみると「選択肢として自力介護はお勧めできないとは思うが、最終的には個人の問題なので、どこまで踏み込んでいいか、悩む」という回答が多かったです。

川内 HRの人も会社員ですから、そうでしょうね。仕事としてはそれで正しい。ただ、さっきの「戦力外通告」の誤解もそうですが、はっきり言わないと「結局は自己責任か、頼っても無駄だな」と相談する側に思われてしまいます。介護相談での経験でもそう思います。

会社員としては踏み込み過ぎ、と思うかもしれませんが「会社は介護するあなたを支えて、働き続けてほしいと思っています。ここは頼ってくれませんか」くらいの、強いメッセージでないと伝わらないし、社員の（いわれのない）罪悪感も拭えないでしょう。

――これはたしかに踏み込んでいますね。しかし、ここまで言われたらグッときそうです。でも、これを言うには相当の覚悟が要りそう……。

川内 もちろん、個人としてここまで言うのは無理ですし、言ったらむしろ「できもしないのに、何を無責任な」ということになるでしょう。現場の介護支援の担当者が無理なく、心からこう言えるだけの体制をつくりあげていることが大前提です。

――なるほど、「そういえばうちの会社は介護支援に熱心だったな、よく介護セミナーを開いているし」と、言われた側が気づけば「もしかしたら、力になってくれるかもしれない」と思うかもしれませんね。

川内 そうです。まず継続していることが伝われば会社の本気さは見せられます。セミナーの出席者数が伸びなくても、パンフを読む人がいなくても、続ける意味はあるんです。やるほうが惰性でやっているとバレたらダメですけど。

会社にお金がなくても「腹が据わった担当者の声」は届く

――担当の人は本気でも、支援に付ける予算がない、人がない、経営側の理解がない……

という状況もありそうですけれど。

川内　いや、実は予算も関係ないと思います。担当の人が最初に触れた「介護は個人で抱え込むものではない。社会の力を借りて解決すべきものだ」という理解をしていればいいんです。支援制度については包括なり、私のような外部の人が解説すればいいので。HRの人は介護のプロになる必要もありません。

たしかに、「親の介護のために会社を辞める」というのもひとつの判断、価値観ではあるでしょう。でも、それが唯一の解答だという認識は間違っています。「別の答えを一緒に探しませんか」と伝えられれば、企業の介護支援の担当者の仕事としては十二分だと思います。

――そういう、腹の据わった対応をしているHRの担当の方が、何に悩み、どう解決してきたのか、現場の声を伺ってみましょう。

第4章

「会社員は最初に上司に相談したいんです」

【インタビュー】

大成建設

管理本部 人事部 人財いきいき推進室長 **北迫泰行**さん

同 課長代理 **国枝愛奈**さん

――お忙しいところありがとうございます。よろしくお願いいたします。

大成建設　管理本部　人事部　人財いきいき推進室長　北迫泰行さん（以下、北迫）　とんでもないです。

同課長代理　国枝愛奈さん（以下、国枝）　よろしくお願いします。

「しない、させない、介護離職！」

――大成建設さんは日本企業の中でも、介護支援に限らずダイバーシティ・エクイティ&インクルージョン（DE&I：多様性、公平性、包摂性）関連の施策が充実していることで知られています。「しない、させない、介護離職！」という、関連資料のキャッチが頼もしいです。

北迫・国枝　ありがとうございます（笑）。

――どういう経緯で「従業員の介護を支援せねば」という意識が生まれて、それがどういう流れで制度になっていったかを、ざっくり教えて頂けますか。

国枝　そうですね、会社として2006年に「ダイバーシティーとワーク・ライフ・バランス（ＷＬＢ）の推進」という方針を決定しまして、07年に今の人材いきいき推進室の前身の、女性活躍推進室というのを設置しました。そこで実施した女性社員への、将来のキャリアに対するヒアリングで、「介護に対する不安」という言葉が出てきたんですね。

――まずは女性社員から介護への不安の訴えがあった。

国枝　はい。しかしその後男性社員を含めた調査を行ったところ、男性からはさらに大きな介護に対する不安が聞こえてきまして、「これはもう介護に対して、企業としてきちんと取り組まなければ」と、会社が認識したのです。具体的に動き出したのが10年で、11年から介護セミナーを開始しました。

――介護に対する不安として、具体的にどんな声が上がったのでしょうか。

北迫　本当に基本的なレベルの不安です。男性側で言えば「昔は奥さんがやってくれたらしいけれど、今はもうそんな時代じゃないだろう、でも、これまでまったく自分ごととして考えたことがないので、何から始めればいいのかすらわからない」。そんな感じです。

――それは今も変わらない不安だと思いますし、すごくよくわかります。その時点では、介護の悩みが直接人事の方などに寄せられることはあったのでしょうか。

北迫　私は当時はこの職になかったのですが、社内の雰囲気から推して、この頃はまだまったくなかったと思います。あったとしても「人事部の誰それを知っているからちょっと相談してみようか」といった、属人的なものだったでしょう。

――なるほど。ちょっと話が広がりますが、07年に「女性活躍推進室」を設立された背景にはどんなことがあったのでしょうか。

競争力維持のための施策から始まった

北迫 当時、建設業界は生き残りのための競争が激しくなっていました。建設投資額で言いますと、バブル後に記録した最高値から約40％も減少していたんです。成熟産業ですし、将来は少ないパイの取り合いがさらに厳しくなることが予測されました。その中で勝ち残っていくための施策の1つが、女性活躍推進だったのです。

国枝 育休制度の充実などで、結婚や出産で退職する女性社員が減り、当時ですでに男女の平均勤続年数はほぼ変わらなくなっていました。難関の国家資格、1級建築士を取得する女性社員も増えてきた頃で、もっと女性が活躍できる場を整えよう、という経営判断が下されたんですね。女性がさらに働き続けるためには両立支援制度の充実も必要、ということで、

WLBも推進されました。

――そこから介護支援につながったと。

国枝 そうです。

――実はいくつかの企業のHR担当の方にお話を聞いているのですが、「介護支援の必要性は理解しているけれど、なかなか現場から支援を求める声が上がらなくて、リソースを割くよう経営層に理解してもらうのが難しい」という悩みがよく出てきます。こんなに早く動き出せたのは珍しいかもしれません。

北迫 この介護の件に関しては、むしろ「介護支援をきっかけとして利用して、女性活躍推進やWLBを進めよう」と、たぶんそういう逆の発想があったんだと思います。前任者もそんな話をしていました。女性の人が働きやすいならば、男性も働きやすい環境になりますし。

――つまり、介護支援は喫緊の課題の解決というよりも、「介護が始まっても安心して働き続けられる職場ですよ」ということを、男女を問わず社員の方へアピールできる、と期待して。

北迫 ええ、介護は誰にでも降りかかってくる人生の課題なので、男性がWLBに関して当事者意識を持ちやすいはず、という予測が当時あったようです。

――それはどういう？

国枝　介護を通して男性に「仕事と家庭を両立しなきゃ」と当事者意識を持ってもらえると「あ、育児もそうか」となって、働きながら子育てをする女性社員への理解や協力が得られやすくなるんですね。

――「お互い大変だよね」と、なるほど。

北迫　10年から本格的に介護離職防止の取り組みが始まりましたが、やってみると社員からの反応がよくて、だんだん深化して現在に至ります。

国枝　うちの会社は社風として決めたら早いですよね、動きが。

セミナーを休日開催、家族参加もOK

――ちなみに、北迫さんはご自身の親御さんの介護が気になるお年頃では……。

北迫　自分は50代で、実はもう始まっています。父はすでに見送り、母は歩くのもやっとという感じです。平日は実家にいる弟がメインで、週末に私が実家に帰っています。

――完全に自分ごとになっているわけですね、社内にも公開しておられる？

北迫　はい、会社のスケジュールにも明確に「介護で休み」と書くようにしています。

――介護と仕事の両立支援について、企業としてどんなスタンスで取り組んでいるのでしょうか。

国枝　介護は個別性が高く、それぞれのニーズも違うので、全員一律の対応では難しいところがあります。ですので、会社としてはまずは情報提供に注力しようということになりました。

――それは介護が始まる前の社員さんも対象に入っていますか？

国枝　はい、始まる前の方も始まっている方もどちらも対象にしています。情報提供のやり方としては、特に介護が始まる前は「自分ごととして捉えにくい」という性質があるので、介護セミナーを休日に開催して、ご家族の方も参加してもらうようにしています。

オンラインでも配信していますし、今年度は介護経験者によるパネルトークも開催しまして、「社内で介護をやった人の生の声が聞ける」と好評を博しました。

――そもそも介護の情報を伝えるのは、社員の側に不安があることで逆に「情報に接したくない」という気持ちになるという、独特の難しさがありませんか。いつまでたっても「まだ早いよね、まだいいよね」と考えたくなるというか、夏休みの宿題みたいな感じで。

社内報では社長も登場して介護離職防止を訴える（出所：大成建設）

国枝　そうですね（笑）。社員が興味を持つ切り口というのは今でもなかなか難しいところです。セミナーやイベントのタイトルに、「介護」と思いっきり出すと、関心がある人にはいいんですけれども、まだ介護なんて考えたくないと思っている人は、敬遠してしまう。

——やはり御社でもそう感じられますか。

国枝　はい。そこで、「介護を予防するには」と、ちょっとピントをずらしてみたり、上司向け研修の最後に「介護をしている部下のケアも上司の業務のひとつとして対応を」とお願いしつつ、支援制度を案内しています。

——苦手なピーマンを細かく刻んで子どもに食べさせるみたいに。

「会社」と「家庭」の両軸でやるべきことを伝える

●介護サポートプログラム

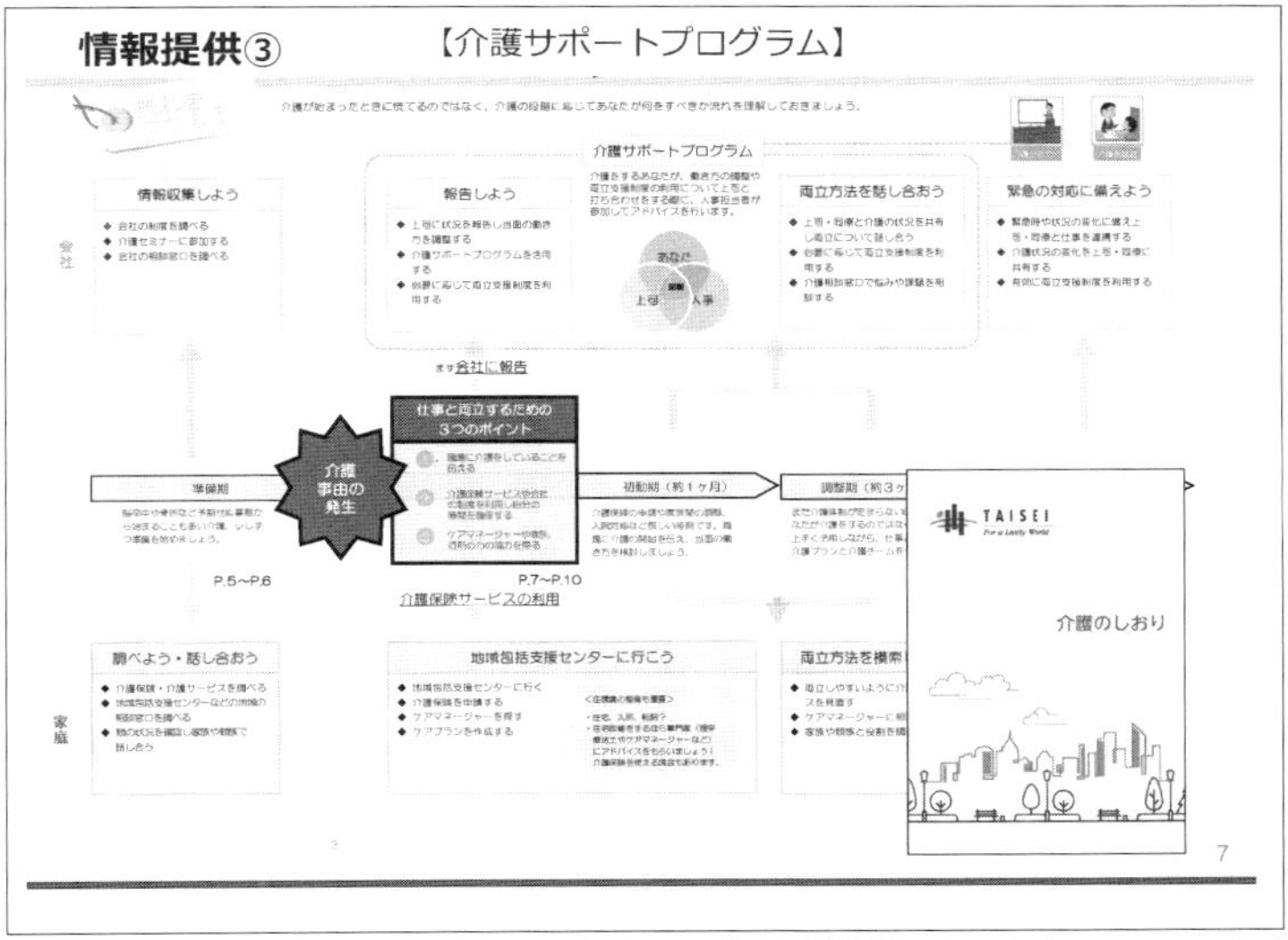

介護では「初動」が大事だということが伝わる。右下が「介護のしおり」（出所：大成建設）

国枝　介護自体について、積極的に情報収集をする人はあまりいません。「介護保険制度って何ですか」というレベルなので、40歳以上になった社員の人に対しては、「介護のしおり」のワンセットを郵送しています。当社オリジナルです。

――具体的な情報提供や支援策で、これはうまくいっている、評判がいい、というものについてお聞かせください。

北迫　そうですね、介護サポートプログラムというのがありまして。概略はこんな感じです（上図）。

――会社と家庭の両軸で、やるべきことが時系列で整理されていてわかりやすいですね。介護は「事前の準備」と「初動」が非常に重要だと思いますが、そこでしくじらないように力を入れている印象です。

会社員はまず上司に相談したい

北迫　その初動、介護が必要となってまずどうするかですが、社員への調査では、50％以上の人は「やはり上司に相談したい」と考えています。

そこで、普段から一緒に仕事をしている上司に相談しやすい体制をつくっていこうと考えました。ただ、上司がまだ介護を経験していないケースも多そうですよね。

――たしかに。未経験だとやはり「介護は親孝行」だと思ってしまいがちですし、部下が「やっぱり会社は助けてくれないのか」と誤解するようなことを、悪意なく言ってしまうかもしれません。

北迫　ええ、介護経験がないと、当事者がどう思っているかは想像しづらい部分がありますよね。そこで、人事も介入して、三者で面談をしていく「介護スタート面談」という仕組みを用意しています。

―― あ、そういう手があったのか。

北迫 そして、介護は要介護者の状況がどんどん変わるじゃないですか。

―― はい、けがをしたり、歩けなくなったり、認知症が進行したり。その都度、ケアプランの見直しが必要になりますね。

北迫 そこで状況が変化したら改めて面談を行って、上司と共有、介護体制の変更と、必要ならば働き方の調整もします。こちらも人事担当者の参加が可能です。

―― 介護している社員が何を求めているか、先回りして手を打つ。

北迫 でも、こうした仕組みが機能する前提として企業の風土醸成が大事です。やはり「相談しやすい環境」がつくられていないと、結局、相談したい人の手が挙がらないですから。
先ほど国枝も話していましたが、上司の側に対しては、DE&Iの研修の最後に「上司として、社員が介護で何か悩んでないかを把握しておくのは業務として必要なこと」と、繰り返し伝えていまして。

―― 悩みを言えずに抱え込むことから、自力介護が始まりますからね……。

北迫 アンケートの結果を見ても、多くの社員の頭の中に介護への不安がある。その不安を

ケアマネと並ぶくらい上司の対応が重要

●管理職研修で周知:部下への働きかけ

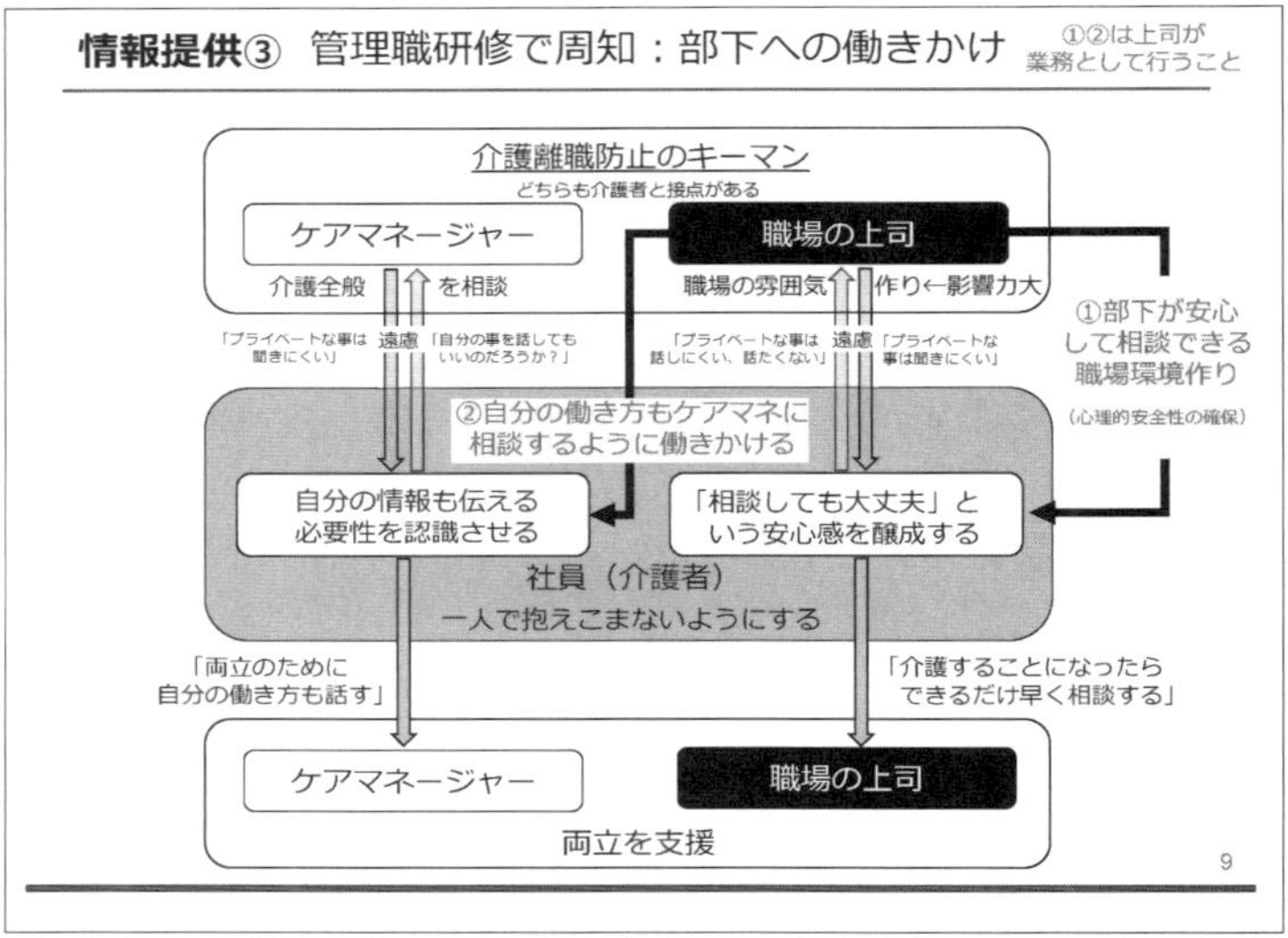

管理職の仕事として、部下が悩みを抱え込まないよう配慮を訴える（出所：大成建設）

口に出しやすい風土にしたい。そうするのもあなた方のマネジメントのひとつなんですよ、と。

そういうことを、介護とまったく関係ない、たとえば、女性を部下に持つ上司の研修とかですね、そういう折にも最後に10分ぐらいもらって、「育児や介護をしている社員のケアを、介護離職防止のためにお願いします」と、必ず説明をしています。

――管理職の皆さんに、意図が伝わっている印象はありますか。

北迫　正直、現場にいる人は現場の仕事に集中したいと考えるのが当たり前ですから、やっぱり難しいですね。わかってくれる人もいれば、わかってもらえない人もいっぱいいます。これはもう、諦めずに意義を訴えていくしかないと思います。

そして、通常の人事面談とかのときにも、親御さん元気？　とか、そろそろ介護が始まるんじゃない？　とか、そして「必要になったら必ず私に相談してね」ということを、上司から部下にためらわず、気負わず、でも必ず言うようになっていけば、部下もいざ直面したときに早い段階で相談するようになるのではないかと。そして、ちょっとずつなんですけれども、風土が変わってきていると思います。

――なるほど。介護という話題の頻度が上がれば、そこから雰囲気が醸成されていくのかもしれませんね。

北迫　はい、そう思っています。

「いつか自分も。お互いさまだ」の意識で

北迫　こんな感じで情報発信をさせてもらっているのですが、その中で心掛けていることがありまして。

――なんでしょう？

北迫　情報の中に「介護はお互いさま」というメッセージを入れていくことです。自分の介護だけではなくて、上司、同僚、部下などにとっても「介護はいつ始まってもおかしくないものなんだな」という認識をしてもらえたらと。

介護に直面した本人の周囲が「いつか自分も介護に直面するだろう」という意識でそれぞれ認識して、「お互いさまだよね」と助け合えるような環境になっていけば、と会社としては考えていまして、そういう意識が生まれるような風土を醸成したい。

介護者のケアには無頓着な日本の介護制度

――これは川内さんの受け売りですが、「日本の介護制度は、あくまでも高齢者の自立を支援する制度であり、支える家族の不安を解消する制度ではない」と。家族の生活を支えながら要介護者の面倒を見る人をケアする仕組みがない、だから介護がひたすらつらく苦しいものだと認識される。お話をお聞きしていると、そこを会社がケアしてくれる印象です。先ほどの管理職研修の図でも、介護離職防止のキーマンは「ケアマネ」と「職場の上司」の2

人だよ、示していましたね。

北迫　とはいえ、我々自身は介護の専門家ではありませんし、介護はとにかく個別性が高いので、本当に悩んでいることや問題解決の方法がわからないことも多々あると思います。そこは外部の専門家の方とパイプをつないで対応して、本人の心のケアに当たってもらいます。介護をする本人と、介護される要介護者の両方を支えられるようなサポート体制を意識して、会社として取り組んでいる、ということですね、かっこよく言うと（笑）。

――介護という未知の分野の専門家と自分の間に、勤め先の企業が入ってくれるのは、敷居が低くなって安心できますね。たとえば介護のキーパーソンのケアマネさんに相談するにしても、最初は自分から何をどこまで話せばいいのか、間違いなく戸惑うと思うんです。

北迫　それはありますよね。たとえばケアマネジャーさんの中にはまだ一部、「介護は家族がみんなでやるものでしょう」という認識の方もいたりします。やりたい介護はそうではないのだ、と説明するのは大変だし、会社にどんな支援制度があって、それを使ってこう働きたい、と、理路整然と解説するのは難しいです。

――自分の経験からしてもそう思います。あまりにわからないので洗いざらい全情報を開示して、それでうまくいきましたが、いいケアマネさんに当たって幸運だったのは否めませ

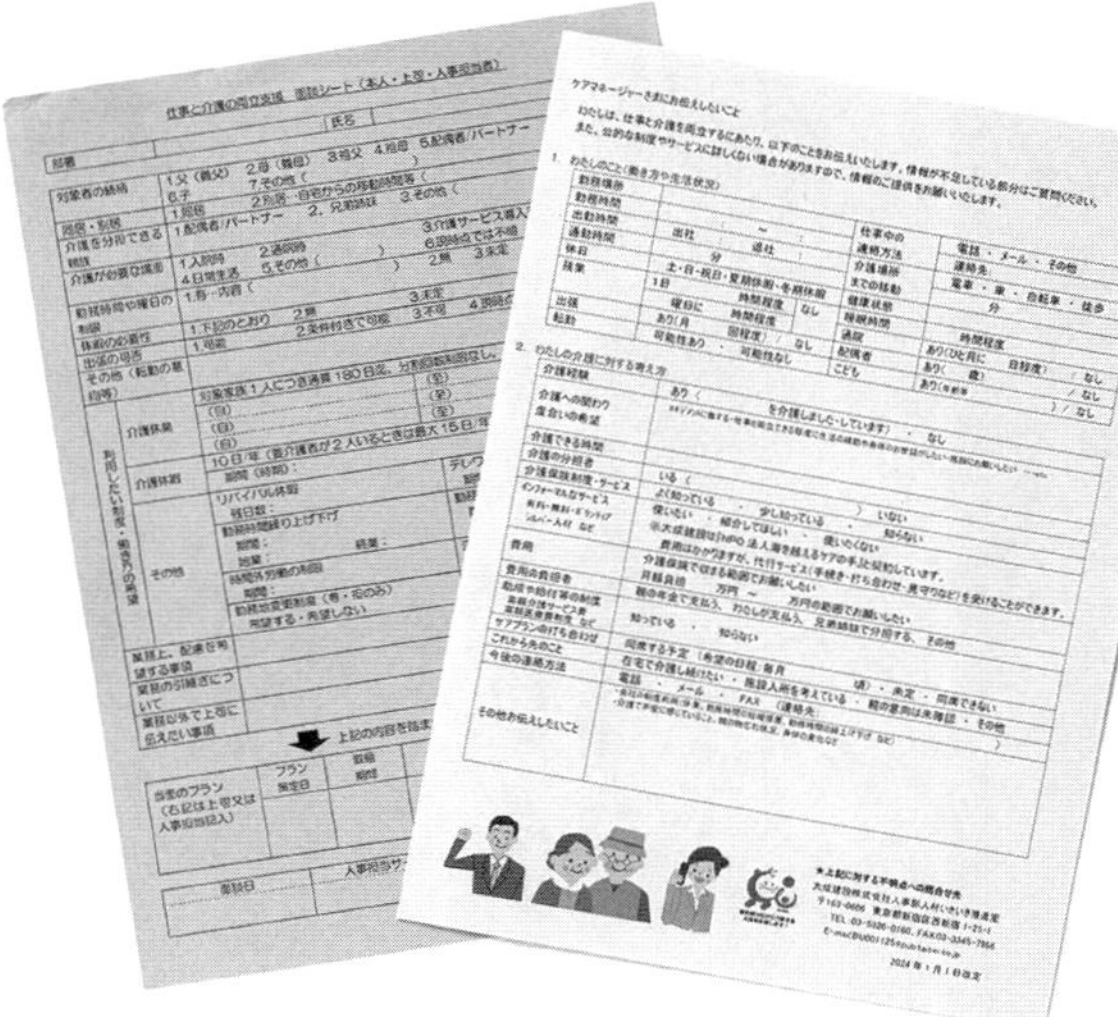

「仕事と介護の両立相談シート」（出所：大成建設）

ん。

ケアマネとの相談用シートを用意

北迫　そうですよね。そこで、たとえば「自分は働きながら遠方で遠隔地から介護しています」「自分はこういう介護だったらできます」「会社の制度はこういうものが使えます」という説明を、社員が楽にできるように、ケアマネさん用の面談シート（「仕事と介護の両立相談シート」）を作っています。

国枝　左側は大成建設の介護支援制度ですね。年次有給ですとか、介護休暇とか、勤務時間の短縮措置など、社員が使える手段が書かれていて、右側に「わたしのこと（働き方や生活状況)」「わたしの介護に対する考え方」を記入する形です。

――項目は介護経験の有無から、介護保険制度に関する知識レベル、費用の負担者などなど。なるほど。これを記入していくと「こういうことをケアマネは知りたいのか」ということがわかるし、自分の現状の整理にもなりますね。なるほどなるほどと伺ってきましたが、ここまで気が利いた用意ができるって、なかなかただごとじゃない気が。どなたが思いついたんですか。

北迫　いや、これ、実は、もともとはケアマネさんに見せるために作ったわけではなかったんですよ。

――そうなんですか?

北迫　先ほどお見せした「介護のしおり」がですね、けっこうページ数があって「どこを見ればいいの」という声が出まして、じゃあ、最低限これは必要だろうという点をサマライズとしてA3の紙1枚にまとめたんですね。そうしたら、「これ、ケアマネさんに見せればそのまま相談ができるんじゃないの」と気づいて。本当に意外な形で生まれたんです。

――「仕事と介護の両立相談シート」の左側に、休暇や勤務時間についての制度が並んでいます。こちらについても教えてください。

国枝　代表的なところからいきますと、介護休暇は24年の1月から5日増やしまして年15日（要介護者が2名以上の場合は20日）、時間単位、半日単位で取得できます。給与、賞与、退職金の支給や、出勤率の算定には一切影響しません。

――実際の利用はどうですか。

国枝　使用率がすごく上がっていまして。時間単位、半日単位の利用が好評です。通院とかちょっとした介護施設との協議とか、ケアマネさんとの相談のためということで使ってくれる人が多く、これはけっこう社員から喜ばれているものになっています。

――介護休暇を使っている方って、年どれぐらいいらっしゃるんですか。

国枝　年々伸びてきています。23年で241名ですね。

北迫　ああ、もうそんなに増えたんですね。

国枝　年代別に見ますと、40代以下が37人、50代が126人、60代以上が78人。期間は40代以下で平均6・6日で、50代が6・1日で、60代以上が6・3日。男女比はほとんど変わらないです。男性が8割の会社なので、その分、男性が関わることも多いのだと思います。

――そうか、それはそうですね。

国枝　あと、リバイバル休暇もありまして、勤続年数が長い人については最大80日という。

北迫 リバイバルというのは社内の言葉ですね。

国枝 あ、そうでした。これは失効した年次有給を積み立てているようなものでして、それを介護のために使えます。そして介護休業。使う人はあまりいないんですけれども、こちらも法定よりも多く180日使えるようになっていまして、分割回数の制限はなしです（法定では93日、分割は3回まで）。こちらは給与・賞与は不支給、退職金は60％控除となりますが、雇用保険給付を受けられ、出勤率算定にも影響しません。

介護休業はまとまった時間が必要なとき、たとえば介護が始まる段階で、施設選びなどの時間と手間がかかるとき、途中でちょっと体調が変わって、施設を移らなきゃいけないというとき、そして最後の、お看取りというところで使ってもらう、そんな使い方が考えられます。

利用者は少ないのですが、これがあるとすごくありがたいなと実は自分でも思っていまして。

――というと？

国枝 介護施設が決まっても、「終の住処」が保障されるわけではないですよね。認知症が進んでいく中で、感情のコントロールができなくなり、職員に対して強い当たりをしてしまって、施設を改めてゼロから探さざるを得なくなることもあります。

――なるほど。

国枝 介護はこういう予想外の、解決に時間がかかるトラブルが起きることもあります。そんなときに、まとまった休みが取れるのは非常に助かる、と個人的にも思います。

「半端な時間が必要」なニーズを満たす「両立支援フレックス」

国枝 さて、昨年1月から開始して、実際に使っている人がどんどん増えている制度が「両立支援フレックス」です。「一定の期間について予め定めた総労働時間の範囲内で、日々の始業・終業時刻、労働時間を自律的に決められる」というものです。コアタイムは10時30分～15時30分で、ここを外さなければ、始業時間は7時から、終業時間は22時までの間で調整できます。

――これにはどんなメリットが？

国枝 介護休暇や有休を使うには頻度が高いとか、ちょっと半端な時間が必要なこととかってよくあるんです。朝、通所制の介護施設にお見送りをして、帰りにまた迎えにいく、あるいは突発的に出てくる本当にちょっとした用事、などですね。こういうことに介護休暇を当てているとすぐ使い切ってしまう。そういうときにフレックス。つまり、介護休暇を効率的に使うために調整するのにぴったりの制度なんです。

――細かいお金を払うために、お札を崩さずに済む、みたいなイメージですね（笑）。

国枝 さらに「所定外労働の免除・深夜労働の制限」は取得期間制限なし（1回の申し出期間は1カ月以上1年以内）、「勤務時間の短縮措置」は3年間の短縮が可能です。分割回数の制限もありません。4時間、5時間、6時間、7時間の中から選べるようになっています。給与・賞与・退職金はそれぞれ、90％、77％、65％、52％となります。あとは「勤務時間の繰上げ下げ」と、「勤務地変更制度」（勤務地限定社員に限る）です。

――両立支援フレックスは好評とのことですが、その他の制度の使われ方はどうですか。

国枝 正直、収入が減ってしまうので、時短勤務にする人はほぼいないです。介護休業も年に1人いるかどうかのレベルですね。やはり皆さん、「仕事を現状のまま続けながら、外部のサービスの力を借りて介護に関わっていきたい」と考えているのだと思います。

――言い換えれば、「介護退職は避けよう」という意識が、会社側にも社員側にもかなり浸透しているということでしょうね。

国枝　はい、その上で、北迫も申しましたが介護はどんどん状況が変わるということも、情報として知ってもらうようにしています。介護がどうしても厳しくて、となったら「月曜日と木曜日は介護に充てます」と決めて、安定してきたらどんどんフルタイムに戻していく、といったように、状況に合わせて、変化に合わせて、制度も柔軟に使ってもらうように。そういうふうにこちらからも提案しますね。

――単純に休める日数の多い少ないだけではなくて、休みを取るタイミングの調整しやすさ、変更のしやすさが大事だと。そして、「働き続ける」ことを第一に置いて考えよう、ということですね。

国枝　はい。「介護だけの生活」が続いてしまうと、やはり仕事に戻るのは難しくなってしまいますので。

自分が介護にどういうふうに関わるか、要介護者、すなわち親にとっての幸せは何か、どうしたら幸せか、ということをまず考える。それには介護以外の時間や、仕事をすることで得られる収入、自信、そして充実感が必要です。そうでないと、介護って続く人はもう10年、20年のことなので、無理をしたのでは持ちません。親の幸せと、自分が継続できる形は何かというのを模索して、外部のサービスを使いながらやっていけるような体制をつくる。そのために休暇や、勤務時間の調整がある。そう認識して頂いて、制度を使ってもらっている状況です。

まだまだ古い常識は残っている

―― こうなるとあれですか。大成建設さんでは、「介護は自分がやるものではない」ということが、もう常識になっている?

国枝 我々はそうあってほしいと思っているんですけど。

北迫 人によると思いますね。

―― まだ浸透しきってはいないと。

北迫 はい。たとえば介護セミナーですけれど、介護を考えるべき世代でも参加したことのない社員はまだまだいっぱいいますので。セミナーはだいたい年に2回ぐらい、1回の参加者が60名とか70名ぐらいで、1カ月見逃し配信のアーカイブは見られるようにして、それを含めて参加しているのは100名ぐらいですかね。

―― 今、全社員が何人ぐらいでしたっけ。

北迫　9000人ぐらいですね。

——なるほど、全員をカバーしているとは言いがたい。

支援制度を知らなかったという社員もいる

北迫　そうですね。アンケートを取ると、「こんな支援制度は知らなかった」という人はいまだにいるんです。私たちの啓発活動が足りていないところもあるし、自分ごとと思っていない人には響かない。そこは忸怩たる思いがありますね。

——セミナーの参加は強制ではないんでしたよね。

北迫　ええ。土曜日の午前10時からオンラインで、家族の方も参加OKです。顔は見えませんし、緩く、リラックスして参加できるようにしています。

——それでも、「やっぱり介護はまだいいか」という気持ちに勝つのは難しい。しかも本当は、親御さんがぴんぴんしているうちから「介護は会社と社会の力を使って当たるべきものだよ」ということを、知ってもらいたいわけで。

北迫　それもありまして、24年のセミナーは、「親が65歳になっていませんか？」という夕イトルにしました。40代の人にも訴えかけなきゃということで。

——いかがでしたか。

北迫 効果はあったと思いますが、まだまだですね。まあ、40歳になった社員には「介護のしおり」は配るように、今回の法改正の前からしてはいるのですが。私にしても、40歳のときに「介護保険料を払っている」なんてまったく思ってなかったので、無理もないとは思います。

——給与明細って会社員はあまり真面目に見ないし、項目も健康保険とかとまとめて、社会保険料としか表記しないところもあるようですね。介護保険料として記載する義務はないらしくて。

北迫 項目として明記するようにするだけでも、意識が変わりそうな気もしますね。でも、実際に介護サービスを使うと、「こんな支援が受けられるなんて、日本っていい国だな」と思いますよね。

——まったく同感です。母はグループホームで、年齢なりに衰えているんですけれども、いいケアを受けることができたおかげで、精神的にはすごく元気になっていて。「俺が面倒見なきゃ」と考えて、無理やり家に縛り付けていたら、いったいどうなったんだろうと怖くなります。

担当者はどこまで踏み込むべきなのだろう

――最後に、自分に人事を担当した経験がないので教えて頂きたいのですが、たとえば「この人は間違いなく自力で介護をやってしまうだろうな」という人が「介護休業をしたいんです」と目の前にやってきたら、人事の人としては止めるべきなんでしょうか、そこは個人の判断だよね、と、一歩引くべきなんでしょうか。

北迫 そこの判断は同じ人事担当者でも、かなり色が分かれると思いますね。

――やはりそうですか。

北迫 本人が「自分で介護したい」と言うのであれば、当然ですがこちらに止める権利はありません。ただ、それが介護離職につながるケースもある。そうなると本人にも親御さんにも会社にとってもよろしくない。難しいですね。常識的に言えば、選択肢をすべて見せて、本人がいい方向を選びやすいように相談に乗る、寄り添う、ということなのでしょうが……国枝さん、いかがですか。

国枝 私は、24年4月に人事に初めて来まして、そもそもこんな自分が、その人の人生にとって、最善の選択ができるように何か提案ができるのだろうかと悩んだんです。それに、私が深く聞き過ぎてしまうことで、本当は言いたくなかった、本人が話したくなかったことまで表に出させて、そのことで傷ついてしまうこともあるんじゃないか、そう気づいてからは、本人の聞かれたくない、言いたくなかったことまでは掘らないように注意しています。

自分なりに勉強した知識はありますが、先ほど北迫が言いましたように、介護はそれぞれの人で求めていることが全然違いますから、それぞれの人に合った提案というのは専門家じゃないとできない。自分は必要以上の情報を、本人から引っ張らないように気をつけて、そして大変な時期をなんとか乗り越えてもらうために、制度を使いながらちょっとした手助けをする。そして次に正しくバトンを専門家につなぐ。そういう意識に変えました。

―― 本人と介護のプロや支援制度との、いわば中継ぎですね。

国枝 そうですね。ただ、こちらに相談に来る方は、けっこう、限界まで来ている人も多いんです。

―― やはり、ある程度追い詰められてから初めて来る人がいる。

国枝 はい、「もうどうにもならない、ケアマネさんとはうまくいかないし」とかですね。

――うわ。

国枝　ただ、こちらはやはり第三者ですから、「出会ったケアマネさんは、まだたった数人だ、もっと合う人を、と包括や専門家に相談しては」と、また別の視点で考えるわけです。

――そうですね、自分だけで悩んで抱え込むとついつい視野が狭くなりますから、会社の人に話せるだけでずいぶん楽になりそうです。

国枝　そうなっていればありがたいです。でも最初のうちは、本当に私なんかに話していいんですかと、心配で心配で。

――ですよね。

国枝　素人なのに、と思いながら、でも、じっくりとお話を聞く中で、そうか、とわかってきたこともあります。まずは心の中にたまってしまった、いろいろな気持ちを聞いてほぐしていく。そうすると話の中に、本当は本人として幸せに生きるにはどうしたかったかということが、最後にすっと出てくるんですよ。それが出てきたタイミングで「じゃあ、あなたと要介護のお母さん、お子さんや配偶者とか、みんなが幸せになるにはどうしたらいいですかねえ」みたいな感じで聞いて。

――えっ、すごいですね。

国枝　じゃあ、どう思います？　と尋ねて、「うちの制度だったらこういう支援が受けられますし、それにあなたや奥さんがずっと介護に集中しちゃったら、今度はお子さんのケアができなくなるかもしれません。そしてお金もかかっちゃうので、やっぱり仕事を続けたほうがいいと思いますけど……、なので、休みは最小限にして、なんとか働けるように、改めてプロの方に相談してみましょう。介護休業も対象家族1名につき通算180日間取れますが、これは最後の最後までとっておいたほうがいいですよ」と。一通り話しをするとほっとして、解決策は自分で見つけてくる、という人もけっこう多いです。

――　なんですかそれ、めちゃめちゃハイレベルなことをやっていらっしゃいませんか。ケアマネさんが要らないんじゃないか、みたいな。

国枝　それは絶対ないです（笑）。専門家じゃないので、おつなぎすることしかできません。ただ、相談に来た方に「他人に聞いてもいいんだ」と思ってもらえる。誰かに話したり、手助けを依頼してもいいという気持ちの変換ができれば、と思ってはいるんですけど。

――　そこですよね。そして、人事の人はそこまでやってよし、ということですね。

北迫　ええ、もちろんです。

――　こんな対応をしてもらったら、相談者はロイヤルティー爆上げじゃないでしょうか。

北迫　そうなってくれたらありがたいですね（笑）。

――どうしてここまでやれる会社になったんでしょう。

北迫　どうして。うーん、中にいるとわかりませんが、もともとが「女性活躍推進」ということで始まった室なので、「人に寄り添っていくには何ができますか」ということが組織の命題だった、それがたぶん一番大きいかなという気がしますね。そしてそれを経営者が本気でやろうと支えてくれたこと。根底には、申し上げた通り「競争に生き残るため」という意識があると思いますが。

――やっている人にとっては、組織としてある意味当然のことをやっているだけだと。

北迫　そうですね。室としての存在感としては、社員が少しでも働きやすいようにという、それに尽きますね。いろいろな背景を持った人が働くのがもう当たり前になっている状況なので、それが性的マイノリティーなのか、介護をしている人なのか、育児をしている人なのかを問わず。問題を限定せず、「働きにくさを感じさせないようにするにはどうすればいいか」ということにプライオリティを置く、それがたぶん本質なんだと思います。

第5章

「介護セミナー集客のためにこんな工夫をしています」

【インタビュー】

コマツ

D&I推進室長 **石田泰大**さん　同推進室 **小山恭子**さん

――社内の「介護」に対する認識を「自分で抱え込むのではなく、会社や社会の力を借りてするもの」に変えていくための大きな手掛かりになるのが、介護セミナーと、介護の個別相談会。でも、介護を自分ごととして考える人は大変少ないので、担当者の方は参加者を集めるのに苦労されています。川内さんから「最近どんどん手応えが出てきた」とお聞きしたのがコマツさんなんですね。

コマツ　D&I推進室長　石田泰大さん（以下、石田）　いや、手応えはありますがまだまだです。

同　D&I推進室　小山恭子さん（以下、小山）　情報が届いていないために支援策が利用できない人をなくしたい、そういう意味でいうと、まだ不十分ですよね。

石田　ですよね。

――いや、それは意識が高いというか。高過ぎるというか。

石田・小山　いえいえ。

川内　コマツさんとはうちのNPOが立ち上がった頃からのお付き合いですから、2018年度（コマツは3月期決算）からになりますか。

石田　そうですね。前任者が東京都の労働局が主催したセミナーで川内さんのお話を聞いて惚れ込み、当社にお招きして始まりました。

最初はなかなか人が集まらない

――セミナー、介護の個別相談会への参加者を増やす方法は、これから取り組みを始める企業の担当の方にとても参考になると思いますので、ぜひ率直なところをお願いします。

石田 わかりました。18年度って、まだ弊社も人事の中にダイバーシティ推進グループというのができたばかりの頃だったんですね。いったい何をすればいいのかと、全員が試行錯誤している時期だったと思うんですけれども、その中で川内さんをお招きしたと。当時は、各事業所に川内さんに行って頂いて、対面で直接セミナーをしていくことを地道にやっておりました。たぶん1年目、2年目で国内ほぼ全部の事業所を回ったのでは。

川内 そうですね。行きましたね。

石田 セミナーをして、その後に個別相談会をやって頂く形だったのですけれど、最初のうちは残念ながら、人が集まらなかったんですね。

――理由はどこにあるのでしょうか。

石田　やっぱり皆さん、「介護」というものに対する考えが、わざわざセミナーに出て話を聞く、というところまで至っていなかったと思います。個別相談会も振るいませんでした。そもそもセミナーの集客が鈍いので。20年度ぐらいまではそういう状況でした。

小山　最初の年は、個別相談会は月1回、5枠でした。それが埋まるときもあれば埋まらないときもあったりで。

石田　5枠か。少なかったですね。それがじわじわと満席になり、臨時でもう1度お願いすることが増えて、20年度に月2回、合計10枠になりました。

そして、小山さんにこの部署に来て頂いた21年度からだと思うんですけれど、社内ポータルサイトに、介護セミナーと個別相談会の案内をする頻度を高めていったんですね。さらに、「今ならまだこれだけ空いていますよ」とか、「もうすぐ埋まっちゃいますよ」というような形でアピールも入れて。

本気が伝わる「急ぎ相談を希望」の選択肢

小山　露出する頻度を増やしたのと、見出しにキャッチーな言葉を使って「これは何だろう？」と興味を引いてリンクを押してもらえるような工夫をしたり、読んでもらえそうなレイアウトにしたり。

――それまではどのような？

小山 ちょっと堅い感じのページに飛んで、そこからメールで申し込む形でした。

石田 それを直接告知ページから申し込める形に変えました。ちょっとでもハードルを下げて、気軽に申し込めるように。

――なるほど。

石田 そうしたら少しずつですけれども申し込みが増えていって。まず、相談会の10枠は毎月確実に埋まるようになりました。それと、個別相談会は事前に簡単に現在の状況を送って頂くんですが、その内容を見て緊急性が高いと思ったら、こちらのほうから臨時相談会をご案内して、できるだけ早く支援につなぐ。そんなことも始めました。

――個別の事情の中で、えっ？　と思ったら川内さんにすぐ伝えるんですね。

川内 そんなに高い頻度ではないんですけど、ときどき「これは一刻も早く話を聞いたほうがいい」というケースが出てきます。

小山 本人のほうから、至急で相談したいと申し出ることもできます。

――本当だ。「急ぎ相談を希望」という選択肢があるんですね。

川内　思うんですけれど、この1行があるだけで、「会社は本気で相談に乗ってくれるんだな」という感じがしますよね。

――「あなたの介護を支援するよ」という気持ちをしっかり伝えるには、こうしたディテールが大事なんですね。個別相談会の申し込みが増えるタイミングとか、ありますか？

小山　やはり、セミナーのすぐ後が多いです。

――川内さんの個別相談会は、1回の時間はどのくらい？

川内　1人50分ですね。

石田　1日最大5人でしたよね？

川内　マックスいって6人です。

石田　6人の日もあるんですね。

川内　最初に付けたり、後に付けたりという感じで。でも、それ以上は私の集中力が続かない。

石田　丸一日やって頂いているので。

川内　もう無理です、となることが多いですね。

——先ほどの、緊急性が高い案件の方ってその中の何人ぐらいでしょう。

川内 たぶん10人に2、3人、ですね。

——えっ、けっこう多くないですか。

川内 相談者ご本人は、まだそんなに大変じゃないでしょう、と思っているけど、私が聞くと、これはかなり親御さんが相談者に依存しているな、などと気づけるんです。で、「これはもう一刻も早く動いて、公的支援を入れたほうがいいです」というケースがあるんです。

リピーターが社内に広げてくれる

——相談に来るのは新規の人と、リピーターの人がいるんですか。

川内 そうですね。だいたい半々くらいかな？

石田 検証したわけではないのですけど、リピーターの方がインフルエンサーとなって、周りに「個別相談会、いいんだよ」ということをお伝え頂いているんじゃないかな。

小山 ありますね。そういうお話は参加者から出ます。

石田 出ますか、やっぱり。

コロナ禍以降に個別相談が伸び始める

●介護個別相談会利用者推移

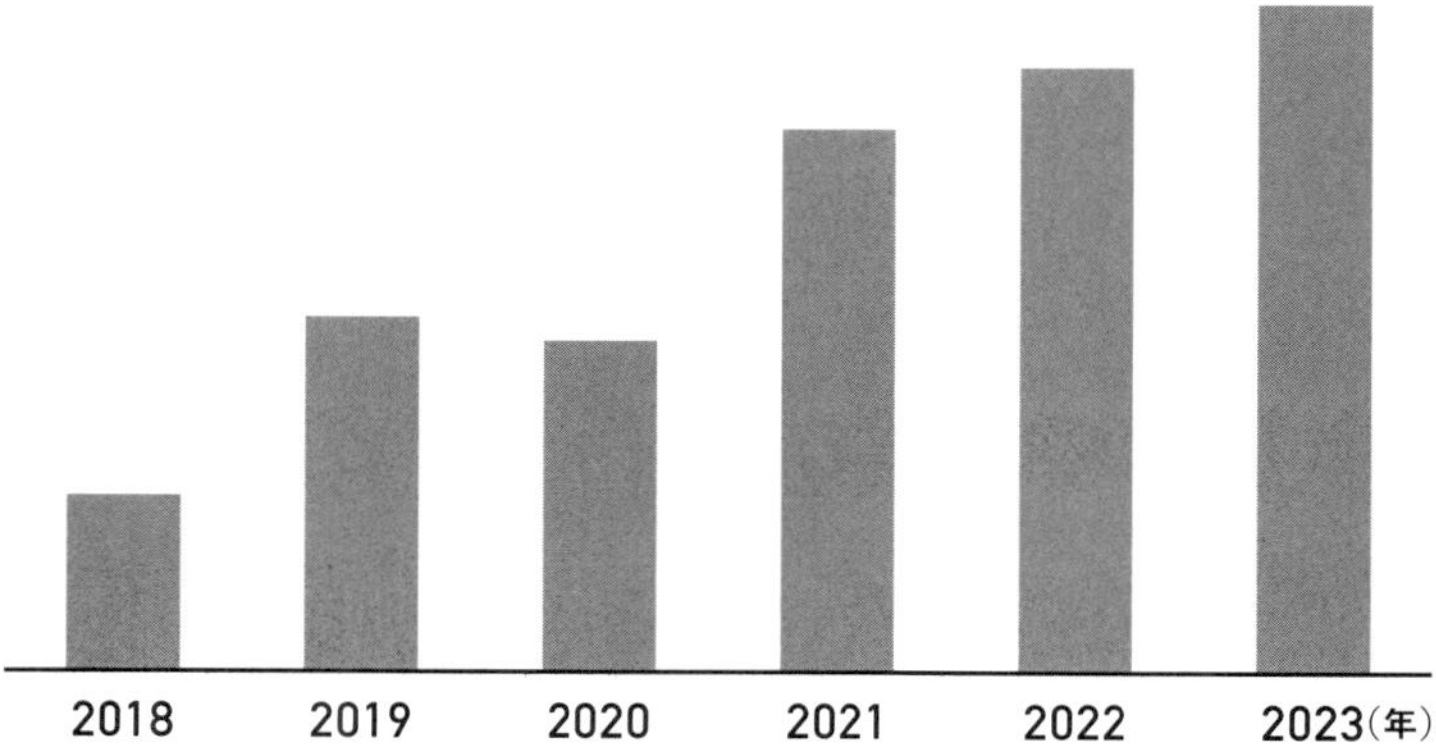

セミナーの参加者が増加するにつれ、個別相談の件数も増えていく(出所：コマツ)

川内　個別相談会を受けた上司の方が、部下の話を聞いて「それは個別相談会に行くべきだよ」と言ってくださって、実際に「上司から聞いて」と来た方がいましたよ。

――まさに口コミですね。

石田　口コミ、そうですね。やはりそれによって新規の参加者が増えている部分もあると思います。

セミナーは人が集まらなくても続けるべき

――個別相談会の利用者はどんな感じで増えてきたんですか。

小山　実数はご勘弁頂きたいのですが、こんなふうです。

――開始した18年度と比べると、23年度は5倍くらいになっていますね。

川内 始めた頃が懐かしいです（笑）。

――20年度までは伸び悩みましたね。

石田 別に不評とかではなくて、やっぱり皆さんなかなか踏み込めなかったんですよ。そこに気づいて、こちらも仕組みを工夫して申し込みやすくして、背中を押して。

――まさに今日お伺いしたいのがそこなんですね。集客にどんな工夫をされたのか。

石田 その前に大事なのは、セミナーを地道に継続してやっていくことではないかと思います。先ほど小山も話した通り、セミナーの後に個別相談会が増えるというところがポイントでして、川内さんのお話を聞いて、内心で「ひょっとしたらまずいんじゃないか」と気づきがあって、それが個別相談会への申し込みにつながる。これが基本なんですね。

ですからセミナーを「始めてみたけどあまり人が来ないな」と怠ると、おそらくいつまでも個別相談会に参加する人は増えないのではないでしょうか。

――めげずに続けていけば時間はかかっても必ず増えていく、と信じて、集客の工夫を重ねるということですね。

「残席1」で強力にアピール

石田　その上で、社内ポータルサイトでしっかり目が留まって、ぽちっとするための工夫があると思います。そちらはやっぱり見やすさ、わかりやすさが大事ですね。社内の他の部署のお知らせとの競い合いになりますが（笑）。

小山　お昼休みに見てほしいので、11時ぐらいにページの上にくるようにしています。

――ああ。そういうことができる。なるほど。

石田　そしてセミナーの告知に合わせて、必ず介護のコラムも一緒に掲載していますよね。

小山　そうなんです。高齢者の生活、食事の大切さといった、身近で興味を持てそうなことを、合わせて出すんですよ。

石田　これを見てから告知に気づく方も多いのではないかと思います。告知自体も、できるだけ短い文章にしたんですよね。

小山　はい。短くして、色を付けて改行したりとか、そういう小さな工夫はいろいろやっていますね。

――それが他の「お知らせ」と一線を画すわけですね。

介護関連のお知らせをライブの申し込み風に演出

●社内サイトに掲示された個別相談会の残席数告知

タイトル・

＜介護相談会＞予約はこちらから⇐（お気軽にどうぞ）

内容・

介護に関する悩みの解決に向けて、専門家が相談に応じます（無料）

・相談会はコマツグループ社員の皆様がご利用いただけます。

・1対1の完全個別相談！リピート利用もOK！

・家族が集まる長期休暇の前後は相談にオススメです！

一人で悩んでいる方はもちろん、介護はまだ早いかなと考えている方も、余裕のあるときにやるべきことを確認しませんか？

一人で悩まず、早めに専門家（NPO法人となりのかいご　川内氏）に相談し、一緒に対策を考えましょう！

※介護対象は必ずしも親のみではありません。配偶者や子供、自分自身のことでも結構です。

「こんな相談でも大丈夫？」とためらっている方は、是非お気軽にお問合せください。

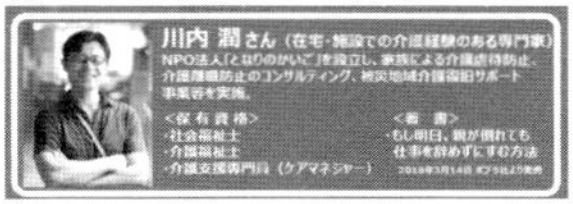

＜個別相談利用者の感想＞

・仕事との両立は大変だと思っていたが、誤解していることが多くて驚いた！

・川内さんのアドバイスのおかげで、家族と意見を合わせることに成功した！

・仕事への影響が不安だったが、思い切って相談して解決することができた！

・相談をして、実施すべきことが明確になった。相談会を利用して良かった！

・認識していたより、問題が深刻なことが判明、相談は早めにした方がいい！

・実体験に基づき、丁寧に対応してもらえた！

・具体的な対応策を教えてもらい、大変参考になった！

・すぐに実践できるアドバイスをもらえ、助かった！

＜介護個別相談予約可能な時間帯（50分/回）＞

【満席】9/19（木）

【満席】10/7（月）

【残1枠】10/23（水）・12:00～

＊「上記日程で都合がつかない」「早めに相談したい」等のご希望があれば臨時でも開催可能ですのでご相談下さい！

申込方法：介護相談会申込Form⇐コチラから！

＊申込み確認後、時間調整の上、ご連絡いたします。

＊Teams会議またはお電話にて１対１で実施します（PC・電話以外の相談方法もありますのでご相談ください）。

＊ご希望の場合は社員本人＋兄弟姉妹ご両親等の参加もOK！

＊相談会は無料です。

～Diversityサイト～

介護に関する情報を載せておりますので、ご覧いただければ幸いです。

（ご参考）川内さんの介護支援動画：『部下の介護離職を防ぐため上司が取り組むことは』⇐コチラ

介護セミナー動画：『親が元気なうちが成功のカギ！仕事と介護を上手に両立する心の準備』⇐コチラ

（k-portal→コミュニケーション→Diversityサイト）

介護専門家によるコラム　←毎月配信

（提供：コマツ）

小山　あと、「満席」になった枠も消さずに出しておいて、それをつらつらつなげることで、「満席アピール」をしています。

――　あっ、それは社内ポータルサイトの中で異色だからとても目を引きますね。そしてこう見せられると「このセミナー、人気があるんだ」と思います。

小山　ダメ押しで「あと残り1席です」とアピールするんです。

――　ああっ（笑）、この、「満席、満席、残1枠」って、すごくいいと思います！　思わず「ぽちっ」と押したくなります。

石田　そうですよね（笑）。ちょっとアピールポイントです、ここは。

小山　告知のタイトルも時期に合わせて変えていまして。たとえば夏休みなどの長期休暇に入る前でしたら、「家族が集まる長期休暇の前に相談がお勧め」とかですね。

――　いや、これも効くな。「これは今見るべきですよ」という、見出しの基本ですね。

小山　こういうのを、お昼休みに社内のポータルサイトを開いたときにすぐ見られるように。

川内　すごいですね。これは初めて見ました。

――　すごいですよ。このハンズオン感。

川内　そうなんですよね。自分に会社が寄り添ってきている感じがしますよね。

――私は記事を書いて読んでもらうのが商売なんですけど、同じ内容なのにタイトルでクリックされる、されないが全然変わってくるんです。でも単純に仕事として考えれば、記事を書いてタイトルさえ付ければ、記事を書く仕事としては成立するんですよ。

そこで「いや、これ、もうちょっとなんとか読まれそうな工夫を」と、公開するまでに死ぬほど考えて工夫する人と、「間違ってないからオーケー」としちゃう人とがいて。見出しに汗をかくことをいとわない人がいるかいないかで、そのウェブの最終的な読まれ方は大きく違ってきます。こちらで言えば、「セミナーのお知らせ」の書き方、見せ方ひとつで、申し込もうかな、と思う人が増えるか、減るかにつながるだろうと思うんですね。

川内　そうですよ、ありがたいですね。

――でもやっぱり人間だから、「見出しを考えることって、人事の仕事なの？」みたいなふうに思うじゃないですか、普通。

川内　たしかに。

――キャッチコピーの専門の人でも連れてきてよ、みたいな感じになりそうじゃないですか。それを自らここまでやってしまうという。すごい使命感みたいなものを感じるんですけれど。

川内　その通りですね。

小山　使命感というか、担当業務なので、そこは……。

――小山さんは、ほかのことに対してもこんな感じでまめにというか、自分ごとみたいな感じでやられるタイプの方なんですか。

小山　どうでしょう。

――なかなかやらないと思うんですけどね、ここまで。

担当者の熱意が社員の心を動かす

小山　介護セミナーや個別相談会にはきっと需要がある、と思っていたので、あとはどうやったら参加してもらえるのかだな、と。そういう観点から細かく見ていったとは思います。付け加えますと、社内ポータルサイトだけで参加者が増えたわけではなくて、21年度には現場の管理監督者向けの介護セミナーというか、eラーニングを行いました。当初からの課題ではあったんですけど、現業社員の方は勤務時間中にパソコンが見られない分、利用者数も少ないので。

あと、介護セミナーの告知も、パソコンを持っている人には全員にメールでも送る、という形にしました。直接メールで来れば、何だろうと見て頂ける方も増えるので。

石田 これでかなり参加者が増えましたね。

川内 私は、いろいろな会社さんで介護支援の会議をしていますが、気になったところへのフィードバックとか、方針とかを話し合っていくときの小山さんのスタンスって、相当細かいところも含めて気にされているなというのは感じます。ご自身がどう思われているかはわかりませんけれど、細部まで間違いなく理解したい、と、丁寧に、本当に私でも気づかないような視点から質問が来ますね。私なんかは介護オタクみたいなものですから、一般的な感覚より相当濃くて細かいはずなんですが、それでも小山さんからの一言で「たしかに、そこは気になる」と思うことがあります。

そういうこと一つひとつが、小山さんの熱意から来ているように感じますし、企業で社員を支援する側にこういった方がいらっしゃるのかどうかが、支援策が有効に使われるかどうかに強くリンクしている、と感じます。

――担当者の熱意が、介護支援にとってのいい結果に……。

川内 つながりますね。結局、これ、ヒューマンサービスだと思うんです。伝える仕組みは社内ポータルやメールかもしれませんが、「会社に相談してみたいな」という期待を持ってもらえるかどうかというのは、編集Yさんが言ったように、そこに載せる言葉をつくる人間次第です。

――ですよね。でもこれはどうやったら汎用化できるのか。いや、そもそも汎用化は無理なのか。

川内 自分は、「何が介護と仕事の本当の両立なのか」みたいなことを、人事・HR担当の社員さんがご自分の言葉で言えるように、各社さんになって頂くために毎月すり合わせをしているつもりなんです。そういう意味では、ノウハウとしては可能だと思います。

私はその会社さんの社内事情の細部までは知らないし、ポータルサイトの仕組みもわかりません。そこはもう、社員の方にやって頂くしかない。そこを見事に、誠実にやってくださっているから、参加者が増えたんだなあと今、お聞きしながら思いました。

――担当者が職務をどこまで誠実にやろうと思うか、ここはマネジメントの領域ですね。石田さん、いかがでしょうか。

石田 これがコマツとしての伝え方、というわけではないんですけど、ただ、皆さんにできる限り参加して頂きたいという思いはうちの部署のみんなにあります。そして、参加してもらうには、やっている我々が本気だというところを見せるというのがやっぱり大切だなと。まだ全然足りないかもしれないですけれども。介護だけではなくて、当社は同時にD&Iもやっておりまして。

――ダイバーシティとインクルージョンですね。

石田　こういったD&Iや、介護も育児もそうですが、人の意識を変えていこうという運動は、言葉だけ、ウェブページに載せただけ、で終わってしまうことがままありますよね。ですので、会社がちゃんと本腰を入れて、本気でやっていこうとしているんだよ、という姿勢を見せようということは、21年度からやってはいるんです。それがいい形につながっているとしたら、嬉しいですね。

セミナーでウケる話題は？

――ちょっと話を戻しまして、個別相談会につながりやすいという意味でも大事なセミナーですが、こちらはどのくらいの参加者がいるんでしょう。

小山　応募人数は毎回350～400人くらいですね。オンライン開催なので同じ画面を何人かで見ている可能性もありますが。

――開催時間は？

小山　1時間です。

石田　業務時間後に開催するので、そのくらいがマックスなんですね。

――なるほど。

石田　川内さんにすごく端的にお話し頂いて、1時間にまとめて頂いているんですけれども、短時間だから参加者が多い面もあるのかなという。400人は、グループを含めた全社員2万2000人のうちの400人なんですけれども。

――ううむ。

石田　でも、こういうセミナーをやっても、なかなか400人って普通は集まらないんですね。集客は本当に難しくて、ただもう周知するしかないんですけれど、継続してやることでじわじわ浸透している、という感じです。

――川内さん、ネタって毎回変えているんですか。

川内　もちろんです。

――受けたネタとかあれば。

川内　「介護とお金」ですかね。石田さんに「親がいくらお金を持っているのか確かめようとする息子の役」をやって頂いて、私は聞かれる親の役でロールプレイをやったんですが、あれは受けました（笑）。ほら、介護の本って、「親のお金を把握しましょう」とか、しれっと書いてあるじゃないですか。

――必ずと言っていいほど書いてありますね。

川内　それって本当にできるんでしょうか、という実験を。

石田　やりましたね。いきなり振られて全部アドリブで。

――石田さん、困りますよね。

石田　困りました。思いつく限りの手を試しましたが、お母さん役の川内さんにばっさばっさと斬られて。

川内　それほど意地悪をせずとも見事に断ることができました。といいますか、普通、子どもが親にいくら持っているかなんて、聞けないです。

――まあ、普通に考えれば親の財布の中身はなかなか聞けないですね。

川内　でも、絵空事とまでは言いませんが、机上の空論でしかないことが、けっこう介護の世界では「常識」になってしまっているんです。

――「自力介護は親孝行」がその最たるものですね。

川内 そう。そして、まあ世間ではそう言われているから、とやってみると全然うまくいかなくて困ってしまう。それを事前に体感してほしくてやってみたんです。介護とお金について言えば、「お金をかけるほどいい介護になる」とか「安心できる予算はこれくらい」とか、間違った常識はいくらでもあります。そうじゃないんだという話をしたら、ご好評を頂きました。

――切実なテーマだけに、集客にはお勧めかもしれません。

個別相談で出る話の内容が変わってきた

――18年度からの個別相談会の参加者は、延べでだいたいどれくらいになったのでしょうか。

小山 今年度(24年度)末で、約800人になりそうですね。

石田 「まだまだだな」と思います。

川内 でも、最初は事実上ゼロだったわけですから。始める前は、きっと一人ひとりで抱え込んで、にっちもさっちもいかなくなっていたところに、「こういうものがある」と支援策が伝わって、セミナーや個別相談会にたどり着いた。そういう人が800人いる。そういうことですから。

石田 それで言いますと、細かい数字はお話しできないんですけれども、川内さんの個別相談会を受けられた人の離職者数はほぼゼロです。

川内 なによりです。ありがとうございます。

石田 一方で、介護を理由に離職された方は、これは年に数名なんですけれども、ほぼ全員がセミナーも受けていないし、個別相談会も出ていない方なのです。こうした支援策を皆さんに知って頂く、受けやすくする、利用しやすくするという工夫はしているんですけれども、なかなかその一歩を踏み出せない方、あるいは十分に周知できてないというところがあるなと。だから、まだまだだと思います。

川内 うん。わかります。でも、最初の頃に相談に来た人と最近とでは、聞く話の内容が全然違いますよ。

――どんなふうに？

川内 やっぱり最初の方々は、本当に困り果てて来たんです。

――わらでもつかむぞ、みたいな。

川内　自分ではどうにもなりませんという方ばかりだったんですけれど、でも今は、「まだなんとかなるはず」「でもこれからがちょっと心配で」「特に話すこともないと思うんですけど、たまたま枠が空いていたので」みたいな人が多くなっています。

――あっ、そこはもしかしてすごく大事ですね。

川内　そう、ここがすごく大事なんです。

――そして残席1作戦がちゃんと効いている。

川内　まだ空いているなら、まあ、と。

石田　ぽちっと（笑）。

小山　嬉しいです（笑）。

川内　これがどうして大事かというと、何らかの重大な、取り返しがつかなくなる可能性が高い決断に直面する前に、相談しに来てくれた、ということだからですね。

――重大な決断に直面、とは。

川内　個別事例は差し控えますが、コマツさんのようなグローバルな会社では、介護と仕事の両立が難しい、と思うケースが多々あり得るわけです。

――ああ、介護の必要がありそうな親御さんを置いて、海外赴任できるか、というような。

川内 まだ介護には至ってないかもしれないけど、親の介護を兄弟に押し付けることになるんじゃないか。そんな迷惑を掛けることを前提にして行っていいんだろうか、とかですね。それを、実際に直面する前に「どうなんでしょう」と聞いてくれる人がいるのがすばらしいです。「親を置いて行けない」という切迫感がまだ薄いので、すごく説明がしやすい。

――「いや、あなたは存分に働いていいんですよ」と。

小山 早めの相談をしたことで、不安が消えました、という案件は毎回いくつもありますね。

川内 介護が始まった後の相談ももちろんすごく重要ですが、「事前に相談に来たら心配がなくなりました」というフィードバックができる、私はこれが支援策の最上のゴールだと思っています。「私、もうダメです、どうしたらいいんでしょう」という相談ばっかりが私のところに来るというのは、やりがいはあるかもしれませんが、状況としては非常にまずい。

――たしかに。まずい状況が始まる前に手が打てるというのは、日常を送る会社だからこそできる、最強の介護支援策ですね。

石田 そうですね。そう思います。

介護を経験した読者の訴え

「長くこの仕事をしていますが、自由回答欄の記入率が7割を超えた調査は、初めてでした」。日経ビジネス読者を対象に行った今回のアンケート調査の担当者が放った第一声が、これでした。

通常の調査で自由回答欄の記入率は2割前後。今回も介護を体験していない読者の記入率は平均的でした。しかし、介護を経験した読者は実にその7割が、それぞれの貴重な教訓を書き込んでくださったのです。

その中のごく一部ではありますが、可能な限り原文のまま紹介しましょう。

どれを読んでも「どうか自分と同じ目には遭ってくれるな」という切実な思いが伝わってきます。これから介護に直面する方は、本編と併せてぜひこのアドバイスを役立ててください。

CASE 1 介護は突然始まる

母が骨折したことで動けなくなり、突然始まった介護でした。**何をどうすればいいのか途方に暮れました。**

（55〜59歳、女性）

その場にならないと、何が適しているかなど全く分からなかった。色々な選択肢を示し、どんな対応が良いか助言を気軽にくれる人、そういう方がいれば助かったと思います。このままでは、**多くの人が仕事で成果を上げられなくなる**ように思いました。

（60歳以上、女性）

病院で地域包括支援センターの存在を知ったのでありがたかった。**いっぱいいっぱいの家族**にとって、新たな情報を自ら取りにいくのは難しい。

（60歳以上、男性）

介護は想像通りに進まない。自分の場合は、**急に始まって、急に終わった**。後悔しないように、前もって準備（心の準備、現実的な準備）しておくことが重要だ。

（45〜49歳、女性）

第6章

「大きな話は上流から大上段で投げかけます」

【インタビュー】

日鉄ソリューションズ

人事本部 人事企画部 働き方変革・D&Iグループリーダー **赤塚友里**さん

同グループ **伊藤菜水**さん

――よろしくお願いします。こちらは川内さんとの取り組みをいつごろから始められたんでしたっけ。

日鉄ソリューションズ　働き方変革・D&Iグループリーダー　赤塚友里さん（以下、赤塚）　2017年ですね。

川内　東京都の労働局のセミナーで御社の方と名刺交換をして、ぜひうちでもとお声掛け頂いたのが最初の最初でした。

――さて、最近、社内の介護への意識調査を行ったとお聞きしたのですが。

赤塚　はい、23年に当社グループ内で調査を行いました。

――こちらはどういう目的で？

客観的な数字を経営陣に伝える

赤塚　当社として、介護はこれからの課題なのは間違いありませんが、その度合いといいますか、どれくらいの人数規模の課題なのか、具体的に何が課題なんだろうか、というところをはっきりさせたかったたんです。もちろん人事としても懸念はしていましたけれども、「実態としてこうこうです」と、社内に示すことができていませんでした。課題を、できる限り数値化できるような形で見せられるようにしたい、ということですね。

――社内に社員の介護の実態を、客観的な数字で見せられるようにしたい。

赤塚 それがあれば、経営課題として実態に即した介護支援を進めることができますし、社員にとっての納得感も高まります。

――なるほど。こういう調査はこれが初めてなんですか？

働き方変革・D&Iグループ 伊藤菜水さん（以下、伊藤） 毎年行っているエンゲージメントサーベイの中で、「常態的な時間制約があるか」という設問で介護の制約があるかを聞いていますが、今回のような深掘りは初めてです。

――なるほど。深掘りの対象者と回答数は？

伊藤 対象は国内の全グループ会社社員で、人数にしますと約7000名です。

――介護にまったく縁もゆかりもない人たちも含めてやっているということですね。

伊藤 です。今はまだ介護に関わりのない層も含め、今後のリスクを捉える調査としました。

――では、調査結果から伺えますか。

伊藤 まず、介護発生リスクの高い社員の割合の推移です。「両親、義両親が介護サービスを受ける確率が50％以上」という社員を介護高リスク者と認定して、その層がどれぐらい増えていくか、ということですね。

調査時点では11％なんですが、5年後は20％、10年後まで見ていくと29％と、約3割の方が高リスク者になります。仮にこの30％の人が本当に全員介護が始まって、かつ、自分自身で介護を抱え込むような状況になった場合、仕事との両立は相当に困難ですから、事業運営上も大きなリスクになるだろうと考えられます。

もう少し内面的なところですと、「介護についていつでも上司に相談できるか」という問いに対して、イエスの回答割合が低い状況でした。エンゲージメントサーベイにおける上司との関係性のスコアは良好なため、介護特有の課題があると捉えました。

質問を工夫してリスクを数値化

――コミュニケーションはできていても、介護は話題にしづらい。こうやって数字で示されると「まずいな」と思ってもらいやすいですね。

伊藤　これは本当にまずいと思います。介護が必要な状況になったときに、「でもこれはプライベートなことだ」と思って、なかなか会社の人や上司に相談をしようという考えにならない状態でした。

また、30～40代の、介護が始まるより前、あるいは親が自分の親の介護をするのを見ている層には、「介護と仕事が両立できるのだろうか」という漠然とした不安を抱えている方が多いという数字も出ています。さらに、年齢が高い方、部長以上の層で、「自身が介護を直接行うべき」という意識が、他の層に比べて相対的に高いことがわかりました。

――うーむ。

伊藤 自分自身が介護を抱え込むリスクに加えて、部下から介護の相談を受けたときに、「(あなたが)やってあげなさい」と、よかれと思って言ってしまうこともありそうだな、と。

――そうですね。しかし、よくこれだけ率直な回答が集まりましたね。そもそも、介護のことをある程度気楽に話せるような環境下でないと、アンケートに本音が集まらない、という嘆きも他社さんでは聞くのですが。

川内 そこは、日鉄ソリューションズさんが17年からずっと取り組んでこられたことが大きいと思います。設問も赤塚さん、伊藤さんたちと一緒に工夫しましたよね。

――そうなんですか、どのような工夫が？

伊藤　イメージで言いますと、まず、現在の状況を客観的に書いて頂きます。介護をしているか、しているとしたらどんな状況（主たる介護の担い手なのか、など）か、両親、義理の両親の年齢などですね。

——つらいか、楽か、などの評価は入れずに、具体的な数字で答えられるもの中心で。

伊藤　そして、自分自身の状態ということで、介護に関する考え方や、価値観を問う質問を入れています。これによって、抱え込んで自力介護に進みそうか、人に頼ることができそうか、などが推測できます。

川内　その人が「自分の状況をどう見ているか」と、「介護に対する考え方、価値観」から、仕事と介護の両立が困難になる可能性が見えてくるんです。

伊藤　回答する人は「問題ない」と思って記入してくれるけれど、それは実は自力介護に入ってしまうルートに乗っている、それが見えてくるような選択肢を設けることで、「本人は大丈夫と考えているけれど、将来、介護で危ないことになりそうな人がこのくらいいます」という表現ができました。

川内　これを「介護について仕事との両立で問題がありますか」と聞いてしまうと、「問題ないです」という選択肢を選ぶ人がどうしても増える。そこで、事実だけを聞くようにしたわけですね。

――うまい。

赤塚 質問の具体的な文言は川内さんはじめ、介護コンサルタントの方と相談しながら作成し、これによって社内の具体的な課題が見えてきました。調査として、すごくよかったなと思いますね。それこそ経営層や社員に説明するときに、感覚値ではなくて「こういう数字が出ているから」と言うことができるので。当社の傾向でもあると思うんですけど、数字があると強い。

――いや、どこの会社だってそうですよね。

赤塚 リスクが可視化できると、やっぱり説得力が全然違うので。

――ありますね、なるほど。そして調査は聞き方、見せ方次第で全然結果が変わりますね。

管理職以上の研修で文句が出なかったワケ

赤塚 これらの結果を踏まえて、24年は介護の施策に力を入れる年として定めていました。できれば介護に関する情報をすべての人に届けたいのですが、介護に直面する前の方とかには、「いや、今からそんなこと言われても」と……。

――なりますよね。

赤塚 はい、ですので、ご自身として年齢的によりリスクが高いだろうというところと、あとは先ほど「部長職以上が相対的に」というお話をしましたが、部下のマネジメントという影響力の観点を考えると、管理職の方は介護に関するリテラシーはもう必須だろうと。そこで、いわゆる管理職以上の方を対象とした全社研修を24年11月に行いました。

川内 調査結果をもとに経営層からもGOが出て、〝管理職は受講必須〟としたeラーニングを実施して頂いたことから、その後たくさんの社員さんが個別介護相談に来てくださいました。「締め切りギリギリで動画を見てみたら、まさに自分が直面し得る内容で、これはまずい！　と思って、相談を申し込みました」という方もいて、本当に狙い通りの効果が出ています。

――強制的に見せられるとどうしてもぶーぶー言われると思いますが。

川内 それが9割以上の満足度だったそうで、自分でも驚いています。

――（資料を見て）あれ、この研修はすでに全役員を対象にやっているんですね？

赤塚 はい、そうです。役員向けにはeラーニングではなく、リアルタイムの講話として川内さんにもご登壇頂いてまして。

―― それってなかなかすごいことではないですか。

川内 ええ、すばらしいですよね。

伊藤 24年7月の末ぐらいに、経営会議の後ろの時間を確保しまして、経営陣が全員そろっている場でやらせて頂きました。

川内 すばらしい緊張感の下で。

―― 大変ですね。自他共に認める忙しい人がすべて集まって。

川内 そうですよ。おお、すごいなあ、と思いながら。

赤塚 そして、非常に評判がよかったんです。終わった後、何人かから、「すごくわかりやすかったよ」と声を掛けられました。

川内 ありがとうございます。

赤塚 実際、役員の方でも介護当事者の方がいらっしゃるため、そのあたりの肌感も相まってだとは思うんですけれども、介護関連のリテラシーを研修で向上させることについては、非常に前向きに捉えて頂いている印象を持っています。

けっこう、社長も前のめりで。打診に行ったときに、「それはいいね、役員だけじゃもったいない、これから介護に直面していく部長層などにもやってくれ」と言われて、「はい、同じ内容で予定しています」と。

忙しい人に話を聞く気にさせるコツ

川内　社長さんが介護問題をそこまで意識しているところがすばらしい。

赤塚　おそらくそこが、当社としての施策をぐっと進められている理由だと思っています。

――　そうですよね。だけど、管理職層に聞いてもらうための工夫、というのもあるんじゃないでしょうか。

赤塚　ああ、ありますね。とにかく忙しい人たちですから。

伊藤　内容としては、かなりぎゅっと絞っておりまして。当初、我々は1時間ぐらいやりたいなと思っていたんです。ですが、「ちょっとそれは長いんじゃないか」と上長からアドバイスがありまして、介護との両立に当たってどうしても理解して頂きたい部分を必修編として、15分でまとめました。

――　なるほど。

伊藤　どうして介護支援をやるのか、そして一番大事なのは「自分で抱え込まない」というマインドセットのところだと思っていますので、その説明。あとはテレワークとか誤解が生まれやすい（34ページ参照）ところ。そして、マネジメントに活かすという観点だけに集中しました。

ただ、もうちょっと具体的に伝えたいことがあるので、詳細編、社内制度編というふうにそれぞれ30分・10分強ぐらいに分けて、任意受講のコンテンツを作りました。たとえばご自身が介護をやっているとか、あとは部下の方に実際相談を受けているとか、そういう方はより深く学んで頂けたら、という思いで構成しました。

結果的には、必修を15分にぎゅっとまとめる構成自体が忙しい管理職層には大変好評でした。その上で、必修編で関心を持って、任意の詳細編・社内制度編を見てくださった方が非常に多く、しっかりとメッセージをお伝えできたと思います。

――興味を引くサマリがあれば、全体も見てもらえるわけですね。ちなみに、日鉄ソリューションズさんの介護支援制度は、この本にお手本として掲載させて頂きました（75ページ）。社会的な支援と社員さんをつなぐ、そのために風土を醸成する、という基本構想がとてもわかりやすいと思います。

赤塚　ありがとうございます。やはり風土を変えていくには長い時間がかかりますね。川内さんにお願いしているセミナーや個別相談、あるいは介護中の人が話し合う「介護カフェ」を続けていることが大きいと思います。

伊藤　そしてセミナーや個別相談会の脅威の満足度ですね。3年、5年という単位で見ても、満足度90%をキープしていますから。

川内　いや、ありがとうございます。

「介護見舞い金」で手を挙げてもらう

赤塚　あとは社内制度ですが、休暇・休業等についてはそれほど珍しいことはやっていないと思いますね。

川内　この「介護見舞い金」はかなり独特だと思いますよ。

——介護をしていると見舞金がもらえると。

伊藤　はい、1人につき5万円。もちろんお見舞いの気持ちもあるんですけれども、「本人の父母」で「自治体に介護保険の認定申請を行っている」こと、そして、会社の「個別相談会」に出席していること、という承認のプロセスがあるんです。

――なるほど、介護を抱え込ませず、自ら手を挙げてもらう。しかもそのプロセスの中に、必要な情報に触れたり、行動を起こすためのきっかけを入れてあるんですね。

伊藤 はい。そのための手段のひとつという考えが実はあったりします。ですので、川内さんに担当頂いている個別相談をしてから申請してくださいね、という条件を入れています。

川内 すごいですね。

――すごいですね。苦労している会社さんも多い中、ここまでやれるのはなぜなんでしょう。活動の経緯から聞かせてください。

赤塚 私も伊藤もまだこの部署にいない時代なんですけど、当社にダイバーシティ&インクルージョンの担当部門ができたのが16年で、その当初から主に女性活躍、育児、介護の３つに着手しています。

――介護は最初からターゲットのひとつではあった。

赤塚 そうですね。たぶん着手としてはかなり早いほうだったのではと思います。

川内 こちらの会社ですごく特徴的だったのは、入らせて頂いた当初は当然、一般の従業員の方向けのセミナーをやっていたんですけれど、それほど間を置かずに経営層の方向けのセミナーも同時並行して走っていたんですよ。ああ、そういえば、私が大企業で社長さんとか役員の方とかにセミナーをやったのは、たぶんこちらが初めてでしたね。

――そうなんですか。やっぱり役員さん以上が出てくるのは珍しいんだ。

大きな話を大上段から投げかける

川内 最初から当時の社長さんにごあいさつさせてもらって、その社長さんが「介護は大事だ」とおっしゃっていて、私もびっくりしたんです。

介護やその支援に関して、経営者の当事者意識が薄いケースはありますし、経営課題としての優先順位が低くなることが多いんですけど、こちらの会社さんは最初から意識も高かったし、実際、経営層向けのセミナーも早い時点から、たしか18年度にはやったんじゃないかなと。

伊藤 そうですね。18年度にトップセミナーをやって頂きました。

川内 そう、トップセミナー。それが最初からできていたことが、今になってもだいぶ響いていると思いますね。

赤塚 そして部長クラスにも同年度にセミナーをやって頂いているんですよね。今回はeラーニングなんですけど、当時は集合で。

川内 やっていましたね。だから、そういう意味では本当に、75ページの図の通りだと思うんです。風土醸成に時間と労力をかけてやっている企業さんだと。

赤塚 この点に関しては、D&I全般で同じような流れでやっています。女性活躍についても役員セミナー、部長研修、課長級みたいに、上から意識が変わっていく。ボトムアップの取り組みはもちろん大切ですが、やっぱりトップダウンの働きかけがあると社内を動かしやすいと思います。

こういう話は大上段から、大きな話として落とす。これはもう必須ですね。介護一本というよりは、「ダイバーシティがなぜ必要なのか」から話をします。ダイバーシティは経営課題だという前提の上で、その上で介護に携わる可能性がある社員が3割だとすると、ダイバーシティの課題の中でも介護の緊急性が高いぞ、という形ですね。

―― なるほど。

赤塚 話がそれちゃうかもしれないんですけれど、育児は全員が経験するわけじゃないので、ちょっと不公平感を感じてしまう方もいると思うんです。周囲の不満感や当事者の罪悪感のような。だけど、介護の問題は本当に誰がいつ直面してもおかしくないので、こちらを通して理解が進むことで、育児・介護の枠を超えて「お互いさま」の意識につながり、会社のダイバーシティそのものの理解の大きな原動力になるのでは、と思っています。

――介護と経営、というと、やはりイメージとしては距離がありますから、ダイバーシティと絡めるのは有効でしょうね。

赤塚 ダイバーシティは何で重要なの？　ということを、これは当社オリジナルの定義なんですけれど、「属性」と「個性」で分けて考えています。

労働人口が減っていく中で、従来の「猛烈に働ける男性」というものが減っていくから、以前はマイノリティーだった方が活躍できる会社じゃないと、もう労働力的にも立ち行かないですよねと。こちらが属性。

――介護、育児などで時間制約があっても活躍できるようにしないと持たない。

赤塚 もうひとつ、変化の激しい時代と言われる中で、同質性の高い社員しかいない企業は、想定外のリスクに直面したときに対応ができない。いろいろな個性や価値観・スキルや経験を持つ人がいることで、様々な障害を乗り越えられる可能性が高くなるよね、という。こちらが個性です。

労働人口減少というマイナスをゼロに戻すのが属性のダイバーシティ。ゼロからさらに多様性による価値を生み出すのが個性のダイバーシティ。そういう考え方でやっています。

――面白い。じゃ、もうちょっと現場寄りのところで伊藤さんにもお聞きしたいですね。どんなことを考えて介護支援に当たっていますか？

みんな見えないものを抱えて働いている

伊藤　そうですね、ご自身で介護をされている方の話を聞くと、もうご家庭の状況に対応するので精いっぱいになるじゃないですか。どうしたって。

会社は仕事をする場所で、仕事にはストレスがあるのが当たり前ですが、でも、仕事以外でストレスを感じる要素はできる限り少なくあってほしいですよね。言い方を替えると、「働いている人には、見えないところで抱えているものがたくさんある」ということを前提にした会社にしていかないといけない、と思います。

赤塚　それでいくと介護は「見えないところで抱えるもの」としてはとても大きな問題です。さっきの試算でいくと「このまま放っておけば3割の人材が能力発揮できなくなる可能性がある」という、会社としては大変なことですので、属性のダイバーシティの中でもインパクトの大きいカテゴリーだと思います。当社は、物を売っている会社ではありませんので、人こそが資産ということを考えても重大なテーマになる、というところです。

介護は個性のダイバーシティとは直接関係なさそうですけれど、制約がそれを生むこともありますよね。いろいろな背景を持つ人が増えるほど、たとえば時間制約がある人がいるからこそ、今の業務プロセスを見直さないといけないという発想が生まれ、それがより効率的な業務プロセスにつながる、ということで、制約が価値を生むということも考えられます。

―― 介護だからということではないですけど、プラスに転じていく場面もあるのかなと。

経験ということでいえば、まだ終わっていませんが自分の介護経験を振り返ると、今ならけっこう面白い……いや、面白くないんですけど、客観的にはいろいろヒントがある体験をしたのかもしれない、と感じますね。ものの見方は確実に変わりました。

―― たとえばどんなことですか?

伊藤 「ああ、人って本当、思い通りにならないんだな」ということを、生まれて初めて心の底から考えました。母に何を言っても忘れちゃうし、予想もしなかったことばかりやってくれるので(笑)。

川内 そうですね。そうなんです。

赤塚 私は介護経験がないのですが、育児にしろ介護にしろ、タイムマネジメントの能力が身に付くよね、という話はよく聞きます。突然呼び出されるかもしれないと思って常に仕事を可視化するとか、人を巻き込んで仕事するとか。

伊藤 たしかに。

メンタルを支えるには、他人と話すこと

川内 メンタルのも大事さも思い知りますよね。自分のメンタリティーに余裕がないと、想定外の事態にうまく対応できないので、機嫌よく過ごすために工夫する必要がある。

―― それもわかります。母とのやり取りで凹むと、すべてをどんどん悪いほうへ悪いほうへ考えるんだな、という実感と、でもそれは気分なので、「もうやめた、うまいもの食いに行こう」とかで立て直すこともできる。

川内 その通り。これは介護に限らず人生に応用可能ですね。

個別介護相談に来られている方の様子を見ていると、回数を重ねるうちに、ポジティブ、

というほどでもないんですけど、顔色とか、お話しされる内容の冷静さみたいなところがちょっとずつ変わっていっているように感じます。主観ですけど、会話でキャッチボールしながら、メンタルが変わっていくんだろうなと。

――悩みは他人と話すだけでもかなり気持ちが変わりますよね。

川内　これは相手が私でなくてもいいんです。社内で話すことができれば。もう「親不孝介護」でいこうよ、という会話が誰かとできるだけで、ご本人は相当楽になると思います。

赤塚　管理職向けeラーニング後にも、「自分で抱えようとしなくていいんだ」と強くメッセージングしてもらって安心した、という反響の声が届いています。よりよい環境をつくっていくために、これからも継続的に取り組んでいきたいです。

第7章

「経営者が自ら介護体験を話す会社になりました」

【インタビュー】

東洋エンジニアリング

副社長 **芳澤雅之**さん

人事部 厚生チームマネージャー **井口貢**さん

プロジェクト管理本部（兼）TOYO未来推進部 **宮平美佐子**さん

芳澤 雅之（よしざわ・まさゆき）
1982年に三井物産入社、2011年東洋エンジニアリング執行役員、14年三井物産関西支社副支社長、15年東洋エンジニアリング専務、19年から現職。業務のため1年の大半をブラジルで過ごす。（写真：大槻 純一）

――よろしくお願いします。取材をしていく中で、企業の介護支援策がちゃんと機能するためには、「介護の話が社員の間で普通にできること」が必要ではないか、という仮説が生まれたのですが、こちらは社長、副社長自ら、社員に自分の介護経験を語っていらっしゃるとか。

「社長、出てくれませんか」↓「いいね」

東洋エンジニアリング　副社長　芳澤雅之さん（以下、芳澤）　ええ、そうなんです。当社の共済会※では、月に2回、介護の経験談を話し合って共有する「介護カフェ」を開催してまして、その一環で「経営層と川内さんとの介護カフェ」を2024年7月に開催しました。

参加者は弊社社長の細井（栄治・代表取締役）、会長の永松（治夫）、副社長の私、そして国内グループ会社4社の社長にも加わってもらいました。

ここでトップの人が介護の体験を率直に打ち明けたことは、社内にすごくいい効果があったと思います。言ってみれば「経営層や管理職の仕事は、介護と両立できる」と宣言したようなものですから、社員も「介護のことを話したら仕事に支障が出る」といったありがちな

※会員と会社が相互扶助の精神で生活事故に対する救済を行い、会員及び家族の生活安定と向上を図ることを目的とした組織。東洋エンジニアリンググループの役員・社員が自動的に加入する

不安から解放されて、ちゃんと話そうという雰囲気になっていくのではと。

――これは芳澤さんの企画なんですか。

芳澤 いいえ、企画立案実行はすべてこちらの宮平さんです。

――ということはボトムアップでの提案ですね。宮平さん、経営陣の皆さんを口説くのは大変だったのでは。

同 プロジェクト管理本部（兼）TOYO未来推進部 宮平美佐子さん（以下、宮平） いいえ、それが。

――そうでもなかった？

宮平 皆さんに直接私から「ご自身の介護経験や考えを社員に公開するために川内さんとの介護カフェに参加して頂けませんか？」とメールでお願いを出したところ、どなたもその日のうちに「いいですよ」とお返事をくださって、日程調整もトントン拍子で。

――突然のメールでですか。あ、芳澤さんが根回し、とか？

芳澤 会長、社長にはちょっと言いましたが、もうその時点で「いいですね、やりましょう」でしたよ。

宮平 自分も正直ここまで協力して頂けるとは思いませんでした。グループ会社の社長さんは他の方を出席させるかもしれないな、くらいに思っていたのですが、皆さんご自身で。

芳澤　「社員からこういう提案があった」ということで、全員、違和感なく了解してくれたと思います。

――うーん、そうですか。

川内　多くの会社で介護カフェのような体験談を語り合うイベントに参加していますが、東洋エンジニアリングさんはその中でも活発に体験談が語られて、盛り上がる印象があります。経営層が普通に出てくる、というのもうなずけます。

――そんな社内風土は、どんな経緯で生まれたのでしょうか。

始まりは業績回復のための施策から

芳澤　10年ほど前に会社の業績が落ち込んだことがあるんです。元気がなくなった理由として、やはり会社の中のコミュニケーション不足が問題として挙げられまして。会話を増やし、モチベーションを高めてもらうために、提案・参加型の仕組みを取り入れようということになったんですね。

――言われたことを黙々とやるのではなくて、自分で提案して動けるようにと。

芳澤　そうです。といっても当初は業績が赤字になっていたこともあり、当社のＭＶＶ（ミッション・ビジョン・バリュー）の再認識や、文房具をリユースして経費を削減しましょう、みたいなところから始まった。でもそこから、会社として全員が共有するブランドメッセージをつくろう、というところまで広がっていって。

宮平　「Your Success, Our Pride.」ですね。ブランドに関するワーキンググループ（ＷＧ）が社員全員、全世界のグループ企業で投票をやって、これに決まりました。

芳澤　そういう取り組みをやっている間に業績も回復してきまして、提案型の仕組みを一過性ではなく、会社に根付かせて続けよう、ということになり、すべての活動を集約して１つの部にしたのが、２０１７年にできた「ＴＯＹＯ未来推進部（以下、未来推進部）」なんです。有志の社員が本業と兼務で様々なＷＧをつくって、活動する取り組みです。兼務といっても会社の組織図にちゃんと入っていますし、名刺にも載せています。

――ちなみに、宮平さんのご本業は。

宮平　プロジェクト管理本部です。ちょっと前は原子力・廃止措置部というところにいました。

――未来推進部との語感のギャップがすごいですね。本業と関係なく、自分が会社のためになると思ったことを、仕事としてやれる仕組み、という理解でよろしいですか？

宮平　はい、けっこうです。

芳澤　そこで宮平が、参加しているWGの中で活動のひとつとして始めたのが「介護雑談会」でした。介護をしている社員がオンラインで集まって、互いに悩みを打ち明ける、というもので。当時、私も介護をしていましたので、早速メンバーになりました。人数はまだ3、4人でしたか？

宮平　芳澤さんは初期からのメンバーなので、そのくらいですね。

とにかく、悩みを人に聞いてほしかった

――宮平さんはどうして介護雑談会をつくろうと思ったんですか。

宮平　それはもう、介護の悩みを人に聞いてもらって、こちらも聞いて、お互いに少しでも精神的に楽になりたかったからです。

――一般的に男性は抱え込みがちで、効果的で即効性のある「人に悩みを話す」という解

消法になかなか至らないようです。

川内　そうなんですよ。弱さを見せたくないという思い込みがあるので。実際には人に話さないことで、弱さから逃げていることになるんですけれどね……。

宮平　でも、私も「未来推進部」という仕組みがなかったら絶対できなかったと思います。ちゃんと社内で立ち上げるルートが見えていて、会社が後押ししているのがわかっていたから踏み切れました。しかもその活動は、ちゃんと仕事としてやれるんですね。これは時間的にも気持ち的にも大きかったです。

――なるほど。

宮平　実はちょっとだけ心配だったのが、人事部の人が「自分の領分に踏み込まれた」と不愉快になるんじゃないかな、ということだったのですが。

――なるほど？

宮平　そこは、未来推進部の部長が人事と兼務だったので、なんの問題もなく。

川内　よかったです（笑）。

宮平　というわけで無事介護雑談会は始まりまして、悩みを語り合う場ができました。

芳澤　社内のオンライン会議システムを使って、言いたいことを言いましょうと。宮平さんも私も、ちょうどいろいろな悩みを抱えていて、半分愚痴、半分情報交換、みたいな。

宮平　介護雑談会を始めたのは21年の終わりくらいからですね。ただ、人数はなかなか増えなくて、1人増え、2人増え、という感じで。

――あ、そうだったんですか。当時から「職場で介護の話が普通にできる」というわけではなかった。

川内　いや、だったら宮平さんもわざわざ雑談会をつくらなかったでしょう。

――そりゃそうですね。

人事部　厚生チームマネージャー　井口貢さん（以下、井口）　自分は5年ほど共済会の運営担当をしていたのですが、育児や介護用品を安価に購入できる制度があるんです。これの利用は育児関連が圧倒的に多くて、介護はほとんど使われていない。介護費用の低利貸し出しもありますが、これも実績がない。おそらく「介護は個人が自己責任でやるもの」という気持ちが強かったからでは、と思います。

――これは具体的な事例ですね、ありがとうございます。

宮平　まだまだ一人で悩んでいる社員は多いはずですし、なんとか介護雑談会の社内での知名度を上げたい、何か介護に役立つ活動をもっとやりたい。そう思っていたところに、芳澤さんの奥さまから耳寄りな情報が。

支援策が実際に退職を食い止めた

芳澤　妻はラジオ愛聴者なんですけれど、文化放送の田村淳さんの番組（「田村淳のNews CLUB」）に、川内さんが出演した会を聴いて。

――あっ、その収録は『親不孝介護』の単行本が出たときのですね。浜松町のスタジオに川内さんと一緒に私もいました。田村さんが川内さんの話をすごく面白がってトークが盛り上がって。

芳澤　そうそう。「川内さんという人が、目からうろこが落ちるような話をしていたから、ぜひ聴いてみて」と妻に言われて。早速radikoで自分でも聞いたら「介護は自力でやってはいけない」という。

――そこで引っ掛かった。

芳澤　自分自身、介護中の母親に対して怒っちゃいけない、怒っちゃいけないとずっと思いながら、やっぱり「なんでこんなことができないの？」と、声を荒げてしまうんですよ。それで自分を責めてもいましたが、このラジオで川内さんのお話を聴いて、「あ、皆さんそうなんだ」と知って。うすうす、介護は自分でやらないほうがいいのかなと思っていたけれど、子どもの私からはなかなか言い出せないですよね。それをズバッと、具体例を挙げて語っている。

これはもっと詳しく話を聞きたい。そこで宮平さんにお願いしてコンタクトを取って、セミナーを依頼したわけです。

川内 その節はありがとうございました。

芳澤 介護セミナーを開いてみたら、悩んでいた人が続々とカミングアウトしてきました。たとえば、「長期出張で海外に行ってくれと会社から言われたけれど、親の介護があってためらっていた」と。

いっそ会社を辞めようか、と思っていたけれど、親のそばに居なくても介護はできる、むしろ距離が近過ぎないほうがいいと知って、その後、個別相談を経て安心した様子で任地に出発してくれました。

―― 実際にそんな方が。

芳澤 ええ、そんな社員が実際にいます。私にメールまで送ってくれましたよ。「こういうセミナーをやって頂いて本当に助かりました。会社も辞めません、堂々と海外に行ってきます」と。うちの優秀な社員が1人、辞めなくて済んだんです。宮平さんの雑談会から始まった施策が、離職や仕事へのモチベーション低下を止めていると思います。

海外にいて、家族に介護を任せていることを心苦しく思っていた駐在社員が、セミナーのアーカイブを視聴して、それで初めて地域包括支援センターを知って、家族に伝えて連絡を取り、公的支援を受ける体制に持っていった、という話もあります。彼は「自分が介護するために日本へ帰ろうか」と考えていたそうなのですが、今は現地で元気に働いてもらっています。

正しい支援策は社員との信頼関係を培う

――介護支援に対して、経営者としてどういう考えを持っているかを伺えますか。

芳澤　「経営陣も社員も同じ人間、お互いさまで支え合おう」という認識が培えるので、介護支援は経営と社員との信頼関係をつくる有効なツールになる、と思いますね。

――だから介護支援に力を入れている？

芳澤　その通りですが、当社の支援策がうまくいっているのだとすれば、それは上からのお仕着せではなくて、ボトムアップで始まっていることが大きな理由だと思います。

――どうしてそう思われるのでしょうか。

芳澤　これは介護支援に限らずなんでもそうですが、やっぱり「仕事」と捉えてやってしまうと、どうしても数値目標とか、「最低限何をやればいいいか」という発想が出てきがちですよね。

――はい。仕事をする側にとって効率よくやるにはどうするか、つい発想がそちらに向く。

芳澤　当社は始まりがボトムアップなので、実際に介護をしている人自身の悩みや経験をもとにいろいろな話題や要望を提案してくれる。そして、それをもとに会社の制度をうまく使うということになるので、制度と利用者の歯車が噛み合いやすいんじゃないかと思います。

人事の人間として、徹底的に寄り添う

――今のお話の連想で、人事の井口さんにお聞きしたかったことを思い出しました。

井口　なんでしょう?

――人事部門の方としてでも、個人としてでもけっこうなのですが、介護に限らず、会社はどのくらい個人の事情にタッチすべきと考えていますか。

川内 仕事として社員に関わる立場の人にとっては、難しい質問ですね。介護支援は窓口となる人に、どうしてもそこを考えさせると思いますが、どうでしょうか。

井口 そうですね、よく言われる答えが「共感はしてもいいけれど同情はしない」という、格言みたいな言葉で、共感はするけど同情、つまり踏み込み過ぎない、ということだと思うんですけれど。

――なるほど。

井口 でも、その共感と同情の境界線がどこにあるのかは、ものすごく難しい話じゃないですか。会社の中でどの部門、どの組織の人間が社員個人に対して寄り添うか、寄り添えるかということでいえば、これはもう人事しかないと思っています。ですので、私のポリシーとしては、寄り添う。境界線がわからない以上、ある意味徹底的に寄り添う。

――おお。

井口 これは私の考えですが、特に当社の人事関係者には、寄り添う人は多いと思います。踏み込むのではなく、寄り添うという感じです。そこはうちの会社の特徴と言えるんじゃないですかね。

——徹底的に寄り添う、と考えている理由をお尋ねしてもいいでしょうか。

井口　このポジションに来るまでは、私も設計とかプロジェクト管理をやっていたのですが、実はその頃は、人事やHRの人の仕事ってほとんど意識していなくて。

——本当に申し訳ないですが、それ、わかります。

井口　お客さまから受注し利益を出していくことこそが仕事だと、そう思い込んでいました。けれど、今、逆の立場というか、人事に来たところで言うと、自分たちが支える、支えているからこそ、現業の人たちは仕事ができるんだと、そう切り替わりました。切り替えができたのは、当社の人事関係者たちが本当に社員に寄り添い、日々支えるスタンスに立っているからだと思います。

ですので、介護についても、すぐ寄り添える体制になっているのかなと思っています。

続けていくことこそ価値

——宮平さんはいかがでしょう、実際に介護の支援活動を運営されている中で、気をつけていらっしゃることとか、ありますか？

宮平 休まない（笑）。これに尽きますね。

――わかる気もしますが、それはなぜなのか、言葉にして頂けるでしょうか。

宮平 休まない、ということは、参加したい人にとっては、今回出られなくても次のときに出られるわけです。これは大きな意味があると思います。

――機会が途切れずにあることが重要だと。

宮平 そうですね。なので、変な話になりますが、介護セミナーやカフェに人数がいっぱい来てもらえたら本当に嬉しいんですけど、人数が少なくてもめげる必要はないんです。来てくれる方がいれば、それは必ず別の方につながっていく。その方はまた周りにつながっている。たとえば、介護カフェには参加したことがないけれど、私がこの介護カフェの取り組みをしているということを知っている別の部の同僚が、同じ部の人から「お父さんが認知症だと言われたんだ」と一言聞いて「宮平さんが介護のこと何かやってるから取りあえず連絡しなさい」と言ってくれたりするんです。

――ああ、いいですね。

宮平 人数は少なくても、手応えが薄くても、めげないで休まず続けると、草の根的にいっの間にか広がっていく、ということかなと。

芳澤　広がっていますね。

――川内さんはそれを加速した、ってことでしょうか。

川内　はい、セミナーを実施したとき、皆さんが積極的に話すので驚いたと言いましたが、その背景はそういうことなのでしょう。自分がいなくてもすでに十分、土壌はできていたと思いますよ。

親は子どもが元気に活躍していることが一番嬉しい

宮平　最近嬉しかったのは、セミナーに出た方が、職場でちょっと介護の話が出たときに、「そこは、親不孝介護だよね」と。

――えっ、本当ですか？

宮平　ええ。親不孝介護という単語がうちの会社の中では、私の周りだけじゃなければいいんですけれども、少しずつ浸透してきているのかなと思いました。

――まさに、「そうなるといいよね」と。

川内 話し合って、本のタイトルに付けたんですよね。

宮平 でも、中身はしっかり親孝行だと思いますよ。

芳澤 私もそう思います。自分の話をすれば、母とは、ブラジルへ長期出張に行く前に施設で会ったのが最後になりましたが、「ちょっと長くなるかもわからんけど、行ってきます」と言ったら、「ああ、行ってらっしゃい。私のことは心配するな。あんたが仕事しているのが、私にとっては一番幸せなことなんだ」と言ってくれまして。

川内 そうでしたか、親は、皆さんそう考えていると思います。

芳澤 ええ。自分は母の死に目には会えませんでした。でも、後悔はありません。

介護を経験した読者の訴え

CASE 2　親の面倒を見るストレス

介護される側（私の場合は母親）の衰えが進むにつれて世話（特に排せつ）が増えて自分の時間がなくなっていく……**どうしても母親に当たってしまう**ことが増えてしまい、すごく後悔しています。

（60歳以上、男性）

一時期ぼけが強くなり、**他人と認識されてきついことを言われる**など精神的な問題がつらかった。

（55～59歳、男性）

私一人での介護は、かなりきつかった。介護しながら、眠れなくなり、食欲もなくなり、体調を崩した。**亡くなった後、心療内科に通院**した。

（60歳以上、女性）

私は60歳を超え、父は88歳、母は86歳です。**この年になってから介護や認知症と向き合うとは思ってもいませんでした。**私自身の衰えがいつ来るか、その時まだ親が介護状況であったらどうしようか不安です。

（60歳以上、男性）

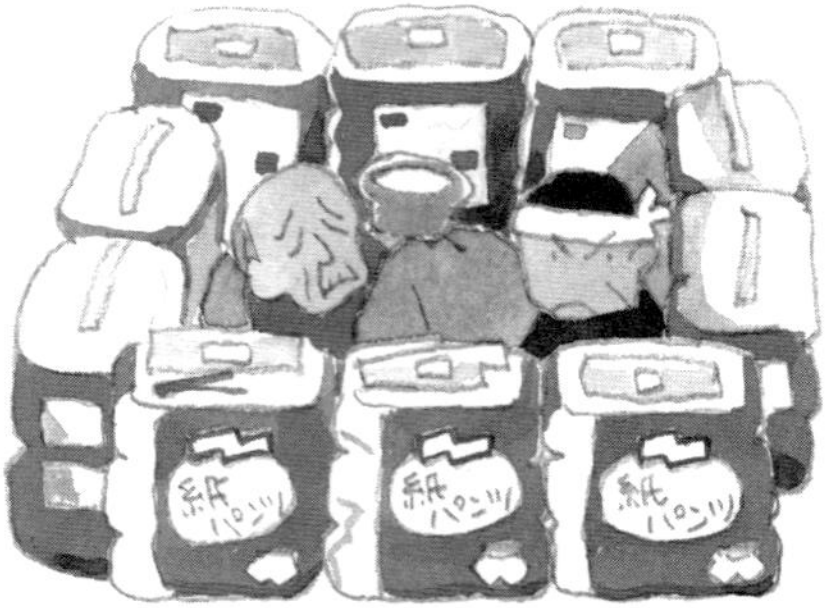

第8章

「中小企業だからできる介護の支援方法、あります」

【インタビュー】

大橋運輸

社長 **鍋嶋洋行**さん

鍋嶋洋行(なべしま・ひろゆき)
大橋運輸株式会社 代表取締役社長。大学卒業後、地元信用金庫に7年勤務、大橋運輸に1998年4月入社、同年11月代表取締役就任。運輸業として付加価値を高めるために、社員のES向上やダイバーシティ経営に取り組み、女性・高齢者・外国人・障がい者・LGBTQ人材の活用を推進している。

「お金をかければいい介護ができるとは限らない、というか、予算といい介護には何の関係もないんです」

というのが、本書の共著者、NPO法人となりのかいご代表理事の川内潤さんの口癖です。その通りの実例を、自分も含めた個人の介護ではいくつも見てきました。では、企業の支援策でも同じことが言えるのでしょうか？

愛知県瀬戸市に本拠を置く物流会社、大橋運輸は、社員数99人、年商約10億円。1954年（昭和29年）創業と70年以上の歴史を持つ、いわゆる中小企業。ここまでに登場した企業と比べると、規模では圧倒的に小さく、福利厚生にかけられる予算にも当然大きな差があります。

でも、同社を率いる鍋嶋洋行社長はDE&Iや地域活動、健康経営に力を入れることで医療・福祉・介護などの専門家たちの注目を集めています。鍋嶋社長は「中小企業にCSR（Corporate Social Responsibility：企業の社会的責任）を求められるのはなかなか厳しい、でも、CSV※ならばむしろ我々のほうが向いている」ことを、こうした活動に注力する理由としています。

先にお断りしておくと、大橋運輸は「従業員の介護支援では、まだ特別なことは始めてい

※CSV（Creating Shared Value）とは、企業が社会のニーズや課題の解決に取り組むことで社会的価値を手に入れ、その結果として経済的な価値も創り出せる、とする考え方。2011年に『競争戦略論』で知られる米国の経営学者、マイケル・ポーター教授が、ハーバード・ビジネス・レビューで提唱した。

ない」（鍋嶋社長）。しかし同社は、瀬戸市の介護活動の支援に乗り出しているのです。企業が従業員の福利厚生と地域課題の解決に乗り出すことは、遠回りのようでいて実は社内の介護支援につながっていくことが、鍋嶋社長の話から見えてきます。地域への貢献は、どのようにして従業員の介護支援に、そして業績につながるのでしょうか。頭を柔らかくしてお付き合いください。

企業が地域包括ケアシステムの担い手になる？

――よろしくお願いします。社員に「介護になったら地域包括支援センターへ」と情報を流してくれる企業はたくさんあると思いますが「地域包括ケアシステムの一端を担おう」と動いている会社の社長さんには、正直初めてお会いします。

大橋運輸　鍋嶋洋行社長（以下、鍋嶋）　そうですか（笑）。

――増え続ける医療・介護の需要を、地域の連携により支えていこう、というのが地域包括ケアシステムの考え方ですよね。高齢者が要介護状態になっても住み慣れた場所で自分らしい暮らしを最後まで送れることを目指して、地域が支援体制を構築する、という。

鍋嶋　そうです。要は、地域の住民が健康でいる期間が長ければ、それだけ医療や介護の需要は抑えられ、必要なリソースも減るわけです。

――介護そのものの支援というより、介護が必要になる、あるいは、要介護度が高くなる可能性を下げる、という形で、企業の力を社会に提供しよう、ということですか。

鍋嶋　きっかけはＥＳ（Employee Satisfaction：従業員満足度）向上の一環として、健康経営に取り組んだことでした。社員には長く健康に働いてほしいですが、人生は会社を退職してからも続くわけですよね。その際に元気で長生きできるかどうかは、やはり現役時代にいかに健康習慣を身に付けるかで決まるわけです。

――社員の退職後の健康も考えるんですか。

鍋嶋　はい（笑）。人生１００年時代ですからね。それで、旬のものを味わう食育だったり、運動の習慣化だったり、メンタルヘルスだったりと、いろいろな支援活動を行っていたら、社内に「健康な生活を送るためのノウハウ」がたまってきました。

――な、なるほど。

鍋嶋　そして、大橋運輸があるこの瀬戸市は、愛知県の中でも高齢化率が高いんです。そこで、社内のノウハウを活かして、地域の健康や介護関連の活動、セミナーをやるようになったわけです。

健康セミナーや健康相談はもう毎週やっていますし、運動の機会提供も、バランスボール、ヨガ、太極拳教室を月に2回ずつ。高齢者向けだけではなくて、幼稚園児、小学校低学年、中学生にも交通安全教室や食育を。23年には瀬戸市と瀬戸市社会福祉協議会、そして弊社で三者協定を結んで、運輸会社として地域の健康寿命の延伸に寄与することを約束させて頂きました。

こうした活動が面白がられまして、24年に日本外科学会、そして日本看護管理学会のフォーラムに呼ばれてお話しをさせて頂いて、そこからご縁がつながって、瀬戸市の公立陶生病院と連携して一緒にイベントをやったりしています。

――運輸会社なのに、医療系のフォーラムで講演依頼が。

中小企業はCSRよりもCSVを武器に

鍋嶋　少子高齢化で、これからは行政の財源もどんどん減っていきますよね。医療関係者の方々は地域医療で頑張っていかれるでしょうから、我々地元の企業は、地域包括ケアシステムの、生活とそれによる予防のところに協力したいと考えています。

——よく「企業の社会的責任（CSR）」と言われますが、動機はそれですか。

鍋嶋　我々中小企業がCSRを果たすのはなかなか厳しい。だから、CSVです。

——RじゃなくてV。

鍋嶋　そう、V。要は自社を通じて地域の社会的な課題にどう貢献するか、ですね。運輸業は商品のデザインとか、機能性とかは伝えにくいですけど、継続的に地域活動をやることで、会社の考え方や社員を知って頂く機会になる。地域でいいことをやればやるほど信頼度が上がって、「こういう活動を一緒にやりませんか」という問い合わせが増えていき、それがビジネスにもつながる。

——（パンフを見て）この振り込め詐欺防止の活動もその一環ですか。

鍋嶋　はい。これも私たちがデザインを作って印刷をして、警察や市役所、地域の要所に配布しています。ちょうど今4万枚刷ったところです。

——警察とも組むんですね。あ、日本生命、スギ薬局などの名前が入っていますね。

鍋嶋　ええ、中小企業が仕組んでいますけれど、大手企業さんとも連携して協力してもらっています。

こういう活動をすると、やはり地域の方の安心にもつながるし、会社の信用も上がります。学校を通して親御さん、おじいさん、おばあさんからも感謝される。

地域のことは、その地域に生きている企業がやるほうがお互いにとっていいと思います。大企業のような全国的な活動はできませんが、地域に特化するなら中小企業のほうが責任感を持って継続できますし、何より地元の個性を活かして面白い企画が生まれますので。

県外からも新卒が応募してくる

――我ながらつまらないことをお聞きしますが、こうしたCSV活動を通して、企業の経営としての具体的なメリットが御社にあるのでしょうか？

鍋嶋　ありますよ。CSVへの注力を通して、ダイバーシティ経営企業として経済産業省の100選プライムは中小企業で唯一、弊社が選ばれているし、健康経営優良法人としても、23年はブライト500の申請法人の中でランキング1位でした。メディアや日本商工会議所などでも、取り上げて頂くことが多いです。

これによって注目される会社になってきたおかげで、大学に求人票を出していなくても、今、7年連続で新卒が入社しています。こんな小さな会社なのに、県外からも応募してくれます（笑）。

――なるほど……。

鍋嶋　今、採用は経営課題の上位だと思います。大きな会社では難しい、地域にいい活動を継続的にすることが、採用やブランディング、集客などにつながる。従業員も地元の人間が多いので、うちで働くことにやりがいやプライドを持ってくれます。

介護についていえば、こうした活動で従業員が健康に生活する習慣が身に付けば、自分が要介護になる可能性を減らせるでしょうし、地域の高齢者が元気に暮らすことを支援することは、地域の介護関係者の支援になる、そういうことですね。

――「社員で家族が要介護になった人」の支援だけが、企業ができることじゃない、と。これはちょっと目からうろこです。

5万円の社用車に乗りながら、人への投資を続けた理由

――鍋嶋さんが「経営として従業員の健康や地域貢献をやったほうがいいな」とお考えに

なったタイミングは、いつ頃なんでしょう。もともとは金融機関にいらっしゃったそうですね。

鍋嶋 ええ、この会社は妻の実家が創業・経営していたんです。自分が後を継ぐ予定はまったくなかったんですけれど、社長だった義理の父が病気になり、財務状況がよくないことがわかりまして。これはなんとかしなければと、平成10年（1998年）の4月に入社して、11月に社長に就任し、そこから5年間ほどは立て直しに奔走しました。

引き継いだときは売り上げのほとんどが大手運輸会社の下請け業務だったんですけれど、ここに注力しても業績はなかなか改善できないということで、脱下請けでビジネスモデルを変えたりしました。その中で、「付加価値をつくるなら、人に投資しないと」と考えたのが、今に至る始まりでしょうか。

――ほう。

鍋嶋 でも「人への投資が、いろいろなメリットを呼び込む」と感じたのは、ES活動を始めてから10年以上たってからですね。「ああ、継続することによって、地域の方からこんなにも信頼してもらえるんだな」とか、「こういう活動が若い人の求人につながるんだな」というのは、長く続けてきてわかったことです。

―― 大変失礼ですが、リソースが限られる中でよくお続けになりましたよね。

鍋嶋 そもそも、余裕があるから人への投資に取り組んだわけじゃないですね。やはりこう、どうやってお金をかけずにブランディングするか、どうやって人を採用するかで、その手段のひとつとして続けてきて、気づいたらメリットが築かれていた、というのが正直な話です。最初からこうなると見越してやっていたわけじゃありません。

「健康経営とか、地域貢献とか、大橋さんは余裕があるからやれるんじゃない？」と言われることもありますが、そんなことはありません。たとえば、私が社長になったときの社長車は、5万円の軽自動車でした。

―― 運輸会社の社長車が5万円ですか。

鍋嶋 はい、廃車寸前の軽（笑）。そこから20万円、20万円、そしてファンカーゴ（トヨタの小型車）が最初の新車で、そこからずっとプリウスです。債務超過企業から少しずつ建て直してきました。

昔は月末の支払いに悩んでいましたけれど、今は未来のことで悩めるようになった。すごくありがたいことです。苦しい時期に、お金をかけずに取り組んできた、ダイバーシティや健康経営や地域活動が現在につながっていると思います。ですから、これはどんな企業もできるし、取り組んだほうがメリットがあるし、あと社員の健康は、やっぱり治療より予防から考えるほうが合理的ですよね。

地域が限られるからシナジーが生まれる

――それは介護もまったく同じですね。ちなみに地域貢献については、ある意味手当たり次第という感じですか。それとも「こういうことはやらない」というのはありますか。

鍋嶋 あくまでもCSVにつながることが前提ですね。やっぱり少しでも事業に関わるようなことをやる。できるだけシナジーになるような。でも、私たちはこの地域で事業をしていますので、市の学校に通う子どもたち、高齢者も、そのご家族を通して何かしら我々の事業につながっているはずなんですよ。お子さんたちに安全教育とか食育とかがあれば、本人の一生の財産にもなりますし、ご家族にとってもいいことです。

――事業規模が小さくて地域が限定されることで、かえって「何をやっても事業につながる可能性がある」ということでしょうか。面白いですね。

鍋嶋 まあ、ちょっと無理やりかもしれませんが（笑）、自分が働いている地域のために、自分の会社がいいことをしている、というのは、仕事の張りに自然となってくれるのでは、とは思います。まとめますと、なるべく自分たちにシナジーを生む分野で、なおかつ社会課題に対して挑戦する、ということですかね。

——ちょっと気を悪くされるかもしれないんですけど、とはいえ、こうした活動は、目先の収益とはかなり距離がありますよね。

鍋嶋　そうですね。今、地域活動に使っているお金がだいたい年間500万円くらいです。下請け業務を中心にやっていたときはここまでは無理でした。健康経営でも、最初は年間100万円くらいの予算だったのが、今、1千万円ぐらいを社員の健康にかけられるようになりました。この金額は決して小さくはないですが、でも収益に対して不合理なほど大きいわけではありません。

——絶対額として見れば、ちょっとした広告宣伝費くらいでしょうか。

鍋嶋　それでこの人手不足の中、新卒の人が来てくれるなら安いくらいかもしれません。それに、よく日経新聞は数字で見せようとしますけれど、ダイバーシティや健康経営や地域活動は、前期比でどう、というものじゃないですよね。

——会社員としての仕事が長いと、つい数字で考えるクセがついているかもしれません。

鍋嶋 たとえば、「離職率」という数字がありますが、個人と企業との相性は絶対にありますから、転職しやすい時代になるのは基本的にいいことだと思いますし、会社側としては、自分のところが働きやすいと感じる人が集まる会社になっていけばいいかな、と思うんですね。

―― なのに離職率を下げることを目的にしてしまうのは、話が違うだろうと。

9人で野球をやってはいけない

鍋嶋 人の流動性が高いことは悪いことではないと思います。野球もそうですけど、やっぱりルーキーが入ってくるからチームに活気が生まれるんですよ。昔、大橋運輸で私が感じたのが「この会社は9人で野球やっているな」ということで。どういう意味かというと、練習をしない選手でも、けがをしている選手でも、経営としては「頼むから試合に出てください」とお願いせねばならない。

―― なるほど。

鍋嶋 これがチームが30人くらいいれば、練習しないんだったらベンチに入ってもらうし、けがをしているんなら休んでもらえる。

——それは、経営効率という面からは必ずしもよくないかもしれませんが。

鍋嶋 そうですね。それも数字をよくすることを目指すのか、別の目標があるのか、だと思います。

——では、鍋嶋さんの目標はなんですか。

鍋嶋 「同じ目標を持った、いい仲間と仕事をする」ことですね。なんのために働くのかについて意識が合っていて、しかも「いい人だな」と思える人と一緒に働けるのは、すごく贅沢だ、と思いませんか。

——贅沢ですね、うっとりしますね。

鍋嶋 これから人口が減る、やっぱり社会保障費も増えていく。ますます厳しい時代になるでしょう。だから高い付加価値があるサービスをやろうと思うと、仕事ができる人に負荷が集中してしまいます。効率という点ではそれが望ましいけれど、これをやるとその人が疲弊しますし、会社全体の雰囲気も悪くなる。

——そうなると、いい人がいい人でいられなくなるかもしれない。

鍋嶋 それはもったいないですよね。優勝するチームは、1人の人だけが活躍したのでは限界があって、いろいろな選手が自在に暴れることが結果として勝率につながると思います。だから3年前から、「一年中頑張らないでください」と会社で言っています。調子のいいときは大活躍して、今イチなときは楽にやっていい。もうひとつはユーモアですね。クールなユーモアは、組織の活性化につながると思うので。

意識を高めるためにパーパスがよく使われますが、私は、ユーモアのエッセンスのほうが効果的だと思います。

仕事と人生を楽しくするのは、お金がなくてもできる

鍋嶋　昔は「仕事を楽しく」と言っていましたけれど、今は「仕事と人生を楽しく」というのがテーマです。年3回、趣味応援企画もやっています。人生を楽しく生きることが大目標で、だったら仕事も楽しくないと。

――そこまでいくと「健康であってくれ」という支援もつながってきますね。不健康な生活を送って、人生が楽しいかというと、なかなか難しい。

鍋嶋　そうそう。そして一緒に働くなら、よく寝てよく遊んでいる機嫌のいい人のほうが楽

しいじゃないですか。そうなると、自分の人生も、社長の人生も楽しくなってくるわけです。

――そうなるための手段は、お金をかけなくてもある。

鍋嶋　社員の健康のために、お金をかけていろいろな手を打つこともできるのでしょうけれど、当社はやはり小さな企業ですし、そもそもそんな必要はないのではと思います。朝食を摂らない社員が多かったので、バナナとトマトジュースの無料配布を始めましたが、これはカロリーの補給や血圧対策になるだけでなく、なにより朝に食事をする習慣を身に付けやすくなる。旬の野菜や果物を配ることも、「これはおいしい」と思えば、食生活の改善につながると思います。

――食生活と健康の関連性に意識を向けるきっかけを、直接配ってつくるわけですね。

鍋嶋　食べることは健康管理の基本です。そして睡眠。枕や毛布、機能性パジャマを提供しています。最近、個人的にいいなと思うのがマヌカハニーですね（笑）。

経営者として、再建のため最初の5年間はほぼ休みの日がないくらい働きました。その結果、売り上げが上がり、利益が増えましたが、実は心が躍らなかったんです。体重が20キロも増えて不健康になりましたし。

何が嬉しいかといえば、「この人がこういう発言ができた」「この人がこういう判断ができた」という、働いている人の成長を見るときです。ものすごく幸せです。そうなると「どうやったらもっと働きやすくなるんだろう、楽しく人生を送ってもらえるんだろう」と考えるようになる。そっちのほうが、使える予算より大事なんだろうなと思います。

地域課題がどんどん増えていく中で、少しでもそこに役に立つためには、企業としての売上高や利益はもちろん大きいほうがいいでしょう。でも、企業の体力はやっぱり働く人が健康で、楽しんでいるかどうかだと思います。そのために社員が介護で悩んだり苦しんだりしないように、精いっぱい支援していきたいですね。

介護を経験した読者の訴え

CASE 3 会社は頼りにならない

家族での介護で疲弊している。勤務先からは**特に支援を受けたことがない**しあるのかも知らない。支援があるなら社内報や一斉メールで通知してほしい。

（50〜54歳、男性）

勤務先は**育休ばかりが優遇**されビジネスケアラーには目が向いていない。

（55〜59歳、女性）

勤務先の雰囲気にもよるが、介護について**上司に相談できる雰囲気ではない。**

（50〜54歳、女性）

上司や上位上司、幹部などに介護の経験はおろか子がいないため子育てすらしたことがない人が多く、言ったところで**何も伝わらず無駄**だった。

（50〜54歳、男性）

会社は頻繁に休む従業員、転勤に支障のある従業員のことをあまり**快く思っていない。**他人にしわ寄せがいくので、その埋め合わせには相当のエネルギーが必要。

（50〜54歳、男性）

人事に相談依頼をかけたが「メールで回答させていただきます。まずは上司にご相談ください」との返信があった。上司に相談する上で詳しい制度設計などを確認したかっただけなのに、**ずいぶん冷たい対応**だと思った。恐らく担当社員がまだ若い人なので実感が湧かないのではないかと思う。

（50〜54歳、女性）

フルタイム勤務で介護の時間をつくるのはちゃんと**社内全体に浸透した体制**がないと厳しいと思う。

（50〜54歳、女性）

第9章

「個人と会社の関係を新しく結び直す。介護支援はその一環です」

【インタビュー】

日立製作所

人財統括本部 トータルリワード部長 **小林由紀子**さん

執行役専務 **中畑英信**さん

中畑英信（なかはた・ひでのぶ）
日立製作所執行役専務 Chief Administrative Officer 兼 Deputy CRMO 兼コーポレートコミュニケーション責任者。1961年生まれ、83年日立入社、2006年人事戦略室長、11年国際事業戦略本部担当本部長兼経営企画部長、13年人財統括本部担当本部長、14年執行役常務CHRO兼人財統括本部長、18年から執行役専務、24年3月までCHROを務める。

1万2000人の同僚に自分の介護を共有する

「自宅に要介護状態の父と母がいるんですが、私、担当が中国の鉄道市場なので、海外に営業に行くことがよくありまして」

日立製作所が国内グループ会社77社（取材時点）の従業員を対象に、介護の情報発信のために実施している「い・ろ・はセミナー」。壇上に立った鉄道ビジネスユニット所属の齋藤和美さんはこう切り出した。

父の介護を自宅で始めたが、それを担っていた母も介護が必要になってしまう。苦しい状況の中、優秀なケアマネに恵まれて、自力介護を行わずに公的介護支援を組み合わせ、長期の海外出張をこなしている――。今回のセミナー視聴者は、後日の動画視聴を含めて約1万2000人に上った。

売上高約9兆7000億円、従業員数約28万人（2024年3月期・連結）。業績、規模においても日本を代表する企業のひとつである日立製作所は、どうやって「社員が自らの介護体験を堂々と全社員に向けて話し、共有できる」企業風土をつくってきたのだろうか。

まず、人財統括本部トータルリワード部部長の小林由紀子さんに全体のお話を聞いた。

――お忙しいところすみません、よろしくお願いします。

川内　初めまして、どうぞよろしくお願いいたします。

日立製作所　人財統括本部トータルリワード部長　小林由紀子さん（以下、小林）　よろしくお願いいたします。セミナーをご見学頂いて、いかがでしたか。

――正直びっくりしました。先進的な企業さんのお話をいくつも取材してきましたが、社員の方がお二人（齋藤さんともうお一人、男性が体験談を語った）登壇して、部署もお名前も公開してご自身の事例を共有する、というのは聞いたことがないです。

小林　実は当社でも、これが初めての試みでした。お二人ともオープンに話をしてくださったので、すごくよかったと思います。

――同僚の体験談はリアリティーが違いますよね。ぴったり同じ状況ではないにしても、自分と同じ企業文化や制約の中で働いている人が、介護をしながら職場でも活躍していることで、「うちの会社で仕事と介護は両立できるんだ」「会社に介護の話をしたら評価にマイナスなのかと思ったら、そんなことはないんだな」と、明確に伝わる。

小林　受講者アンケートでは、「実際に介護と仕事を両立されている方の話はとても説得力があり、参考になった」「地域包括支援センターに行ってみようと思った」などという感想がありました。

かつては日立も「介護支援は休暇で対応」だった

――さて、こうした社内風土がどうやってつくられてきたのかをお聞きしたいのですが、始まりはいつ頃なのでしょうか。

小林　そうですね、スタートはダイバーシティの推進、働き方の柔軟化、というテーマからだったと思います。様々な「多様性」がある中でも、最初は仕事と育児の両立支援にフォーカスが当たっていました。もちろん「介護も育児と同様に課題としてあるよね」と認識はしていまして、ただ、基本的には同じやり方で支援を考えていました。端的に言えば休暇制度の充実ですね。

――本人に休んで対応してもらおう、と。

小林　はい。一方で、我々はあまりに介護のことを知らないな、という認識はありまして、そこで、11年に有識者の方に来て頂いてお話を伺いました。

そのときにひとつ明確にご指摘を頂いたのが、休暇に対する意識です。当社も支援制度として、法定以上の休暇を入れていたのですが、「それはむしろ誤ったメッセージを従業員に伝えることになるよ」と。

――おお。

小林 介護のために長い休みが取れる、という制度があると、「休んで自分で介護しろ」というメッセージが伝わっちゃうよ、というご指摘を頂いて、そこに我々にとって大きな気づきがあった。それを踏まえて検討を始めました。今につながるスタートラインはそこだったと思います。

ダイバーシティに積極的に取り組まれている企業の方との情報交換にも乗り出しまして、他社さんでの取り組みを聞くと、うちはまだまだ介護との両立支援についてアプローチできていないなという認識に至りました。

この頃から2025年問題（超高齢社会の到来による人手不足、社会保障費の増大）も少しずつ世の中で言われるようになってきた背景もあって、介護への取り組みを強化する必要があるんじゃないかと、まずは我々人財部門が問題意識を持って、議論を進めました。では具体的に何をやるべきか、となるわけですが、先行している他社さんの事例を見ると、もう、いろいろなものが足りないわけですよ。

――日立さんがですか？　ご謙遜でしょう。

ＣＨＲＯが「経営課題だ」と全面的に後押し

小林　いえ、本当に。当時、先進的な会社ではすでに相談窓口や経済的支援の制度が導入されており、そうした状況を踏まえて社内で議論を重ねたわけですが、最終的にまとめていく段で、当時のＣＨＲＯ（Chief Human Resources Officer：最高人事責任者）が、おそらく自身の経験を踏まえて、この問題にすごく強い興味・関心を持ち、問題意識を共有してくれました。

――乗ってきてくれた。

小林　はい。「こういう取り組みは今後のことを考えると必要だから、ぜひやろう」と、かなり全面的な後押しをしてもらったんですね。まず「集中的に取り組む期間を設定する」「複数の切り口で多面的に取り組みを行う」ということで了解をもらって。

――なるほど。

小林　開始に当たっては、まずトップから「これは経営課題という認識でいます」というメッセージを、18年度に集中取り組みを開始するタイミングで発信してもらいました。そんな流れでスタートを切ったんです。

――トップというのは社長さんということでいいですか。

小林 そうですね。当時の社長、東原（敏昭・現会長）さんにメッセージをもらいました。

――いや、よくこれができましたね。社長以下経営層が、全面的に「経営課題として介護支援をやっていいよ」という。

小林 はい。

――人材施策のところは、基本的にCHROの権限で決められる範囲とはいえ。

小林 それもあると思いますが、たぶん我々の見えないところで、経営陣ともいろいろコミュニケーションをしてもらっていたんだと思います。

――経営層に入る年代だと、介護は自身の問題になっていることも多いでしょうから。

小林 はい。実際経験された方も多いのではないかと。そういう中で、徐々に風土醸成をしていってもらったというところがあるのかな、と思っています。

――なるほど。かくして集中取り組みの期間が始まった。

小林 18年度から21年度までの間にそれまで足りなかった施策を一気に入れた、という感じですね。

「介護は自力で」の比率が明確に低下

―― 手応えはいかがでしたか。

小林 21年に改めて調査をしました。「介護は自己責任でやるものではなくて、ちゃんと会社とか社会の力を借りてやるものだ」という認識がどのぐらい伝わっているかを見る質問として、介護休暇に対してどういう理解をしているかというのを聞いているんですね。2択にしていまして、1つが「介護休暇期間というのは、介護するための体制を構築する期間です」という選択肢、もう1つは「介護休暇は介護に専念するための期間」というものです。

―― わかりやすい。

小林 取り組みを始める前は、マジョリティーは「介護に専念するための期間」だと答えた人たちだったんです。それが集中取組期間後はがらっと逆転しました。ということで、伝えたかったことがある程度は伝わったかなと。

―― 3年間で意識の改革が数字に見える形でできたと。

4つの軸で社員に支援を提供

●支援施策のフレームワーク

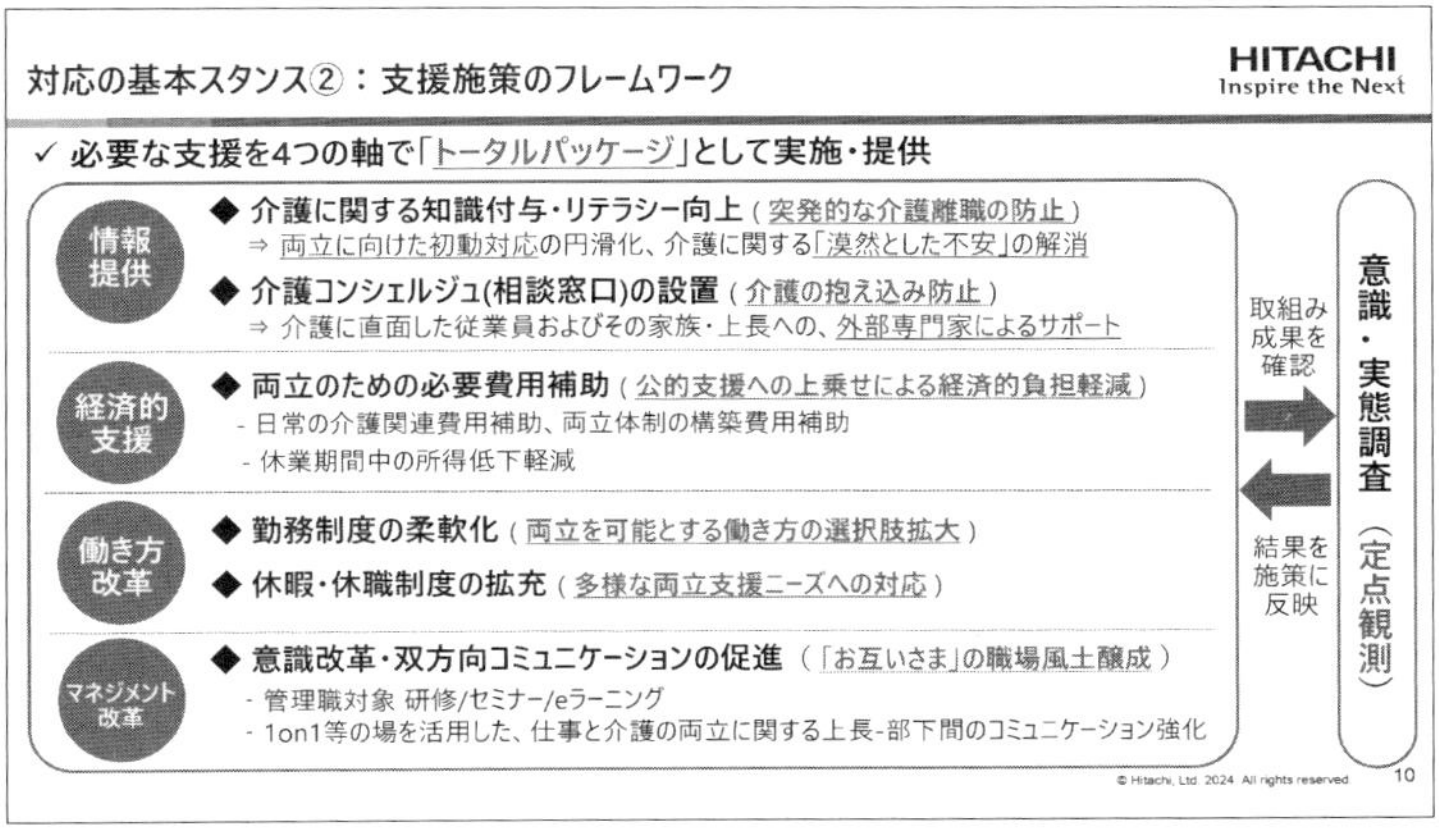

（出所：日立製作所）

小林　そうですね、はい。

――頂いた資料では、この期間で打たれた手を4軸で整理されていますが、さらに具体的に教えて頂けますか？

小林　集中取組期間でまず手を打たないとと思ったのは、「介護についてはわからない」という意識を変えることです。事前の調査結果を見ると、「介護との両立支援について会社にどんな制度があるかは知らないし、そもそも公的な制度も含めてわかりません」という答えが大勢を占めていたんですね。

――何から手を付けていいのかまったくわからない状態。

小林　そうです。なので、まずは介護のいろはからちゃんと知ってもらう努力をするべきであろうと。そこで、介護保険料の支払いが始まる40歳以上の従業員全員を対象に、一通り基礎的な知識を付与するためのセミナーを実施しました。途中でコロナ（新型コロナウイルス感染症）の感染拡大もあったので、なんだかんだで2年かかりましたね。

――それは外部講師を招いて？

小林 はい、外部の講師を依頼して、なにせ社員も拠点も多いものですから、1社さんでは回りきれなかったので、複数の会社さんに講師の方を順次派遣して頂いて。「基本的にこういうことを会社として伝えたいので、それは必ず入れてください」というような形でお願いをして、原則対象者全員に受講してもらいました。

「制度はあるけれど使える雰囲気じゃない」

――もしかしてこれは、業務時間内でやったんですか。

小林 ええ、時間内です。

――どれぐらいの時間ですか。

小林　2時間ですね。

――それはすごいですね。フィードバックとかも取られました？

小林　はい。当初からたぶんそうだろうなと思っていたんですが、セミナーを実施していろいろな声を聞いていくと、「制度はあっても、それを使えるような職場の雰囲気ではありません」という実態があることがわかりました。

――うーん、やっぱりそうだったんですね。それが現在も続いている会社は相当あると思います。

小林　介護だけに限らず、育児についても同様の問題をずっと抱えていますけれど、じゃあ、そこを改善するためにはどうするか。

――はい、どうされましたか。

小林　これはまず、マネージャー層、つまり管理職に介護とその支援について、必要性や基本的な知識を持ってもらう必要があるだろうということで、マネージャー層だけを対象にした、eラーニングやセミナーを行いました。

――それは、相当現場からの抵抗もあったんじゃないでしょうか。

小林　「とにかく全員受けてください。必須です」ということで、しつこくて嫌がられるぐらいお願いしました。「必要性はわかるけどさ、忙しいんだよね」「でも、これはこういう趣旨なので、ぜひ」と。あとは社員全員の自宅宛てにハンドブックを送ったりとか、ホームページに載せたりとか、思いつく限りの情報提供はひと通りそのタイミングでやった、という感じでしょうか。

支援制度で「介護の考え方」を伝える

——ちなみに、図の中に「経済的支援」という軸がありましたが、これは。

小林　労使間での議論や、他社さんで一定程度、こういう取り組みをされているところもありましたので、それらを参考にしながら介護関連費用を補助する制度を新設しました。実は事前の調査では、金銭的に困っているという声はデータとしてあまり強く出ていなかったんですね。個別ヒアリングでもそうでした。なので、「そこじゃないんじゃない?」と、当初は思っていたんです。

——では、なぜ?

小林　この制度の趣旨は、「介護を自ら行うことを支援するのではなく、仕事と両立をするために必要なサポートを受けるためにかかっているお金、かつ、公的なサービスではカバーしきれないものを、会社で支援します」となっているんですね。

たとえば、被介護者を介護施設に入居させたり、在宅ケアをする場合に家の中を改修したりすることがありますよね。その際に、一時的にぽんとお金がかかるけれど公的には支援されないケースがいくつか考えられるんです。

―― なるほど、仕事と介護を両立するための「仕組みづくり」のために、多額の出費が生じることがある。そのフォロー策なんですね。

小林 ええ。カフェテリアプランの中で両立体制構築支援ポイントという形で用意しまして、一時的な体制構築のためにかかった費用を一定のメニューの範囲で上限30万円まで支援します。さらに、それとは別に、介護保険の自己負担分や、様子を見に行くときの帰省旅費などに使えるポイントを年間10万円相当付与して、一定の範囲内で利用できるようにもしています。

―― 会社の支援策そのものが、「介護は支援を受けて仕事との両立体制を構築してやるものだよ」という理解を促す形になっているわけですか。制度で考え方を理解してもらう、というか。

小林　「介護と両立をしながら働くときに、何が必要なんだっけ」ということをいろいろ考えていくと、基本的にはこの4軸に整理できるのでは、と思っています。

外部の力は必須、でも丸投げはしない

――外部との協力体制について聞かせてください。セミナーや、相談窓口については委託先の企業さんがあるわけですが、どういう考え方でやっていらっしゃいますか。

小林　どこか1社のみとがちっと組んで、というよりは、セミナーならばセミナー、相談窓口ならば相談窓口、それぞれのパーツパーツで優位なサービスを提供頂けるところと連携をさせて頂いて、進めています。

――パッケージを買って丸投げ、ではなくて、日立さんの戦略がまずあって。

小林　そうですね、こちらの目的を明確にお伝えしてお願いしているつもりです。我々、制度をつくって運用しているHRも、個々の従業員の事情を把握して、個別にサポートできるかというと、やっぱりそこまでは手が回らない。

――それはそうですよ。

小林 だけど、そういう個別の支援は大事なんですね。そうすると、まずはやっぱり外部の方に、しかも介護に関する専門的な知識やご経験を持った方に、アドバイスを頂ける仕組みが必要だと思います。

少なくとも介護については素人の職場マネージャーやHRの担当者が付け焼き刃で相談に乗るよりは、はるかに質の高いアドバイスがもらえることは間違いがないし、社内の負荷を軽減するためにも必要であろうと思っています。

――それと、日立としての方針をどんな感じですり合わせるのでしょうか。

小林 たとえば「介護コンシェルジュ」ですと、従業員にとって「ワンストップ」で対応してもらえる仕組みにしたかったんです。

――その心は。

小林 介護の問題は個別性が高く、起こる問題も多様で、しかも突然、突発的に始まるケースが多いからですね。

――未経験のことばかりなので、いったい今何が起こっているのか、どこに相談したらいいのかさえわからないことも多い。

小林 「でもここに相談をすれば、まずは必要な情報がちゃんと従業員に伝わる」と、そういう仕組みにしたかったんですね。ただそうなると、公的な仕組みについては専門家の方がよくご存じなんですけれど、会社の制度についてはそうはいきません。そこで、まずは私どもの様々な支援の仕組みと考え方に関する情報を全部お渡しして、制度とその背景にあるものをご理解頂くこと。そのためのレクチャーを最初にさせて頂きました。

それと、介護の問題を抱える従業員個人だけではなくて、その支援をしなければならないマネージャーからの相談も受けてください、とお願いしています。セミナーで介護の知識をある程度インプットしたとしても、マネージャーはもともと忙しい人たちですし、部下からいざ「実は…」と相談を受けたら慌てふためくでしょうし、そこで間違ったアドバイスや指示をしてしまっても困るよね、と。

――だったらちゃんと窓口を用意しておくから、そこに投げてくれと。

小林 そうなんです。とにかくマネージャー層には、「相談が来たら、必ず介護コンシェルジュに誘導してくださいね」と伝えていました。

――なるほど。わかりやすい。

小林 実際に、「部下から介護の悩みを聞いたが、どうしたらいいのか」という相談が介護コンシェルジュにマネージャーからいくケースも出てきていますので、ニーズはあるのだろうと思っています。

――このサービスの利用者数はだいたいどれぐらいですか。

小林 国内グループ会社63社が導入しており、約12万人が対象になっています。毎月の利用者は全体で70件ぐらいですね。コンシェルジュの活用セミナー等もやっていますし、導入するグループ会社の数を拡大してきているというのもあってじわじわ増えています。今は、従業員数ベースだとおおむね9割ぐらいまでカバーできるようになったので、今後はその中での活用度が上がっていくことを期待しています。

集中的にやることで本気を伝える

――ざっくりした聞き方で申し訳ないんですけど、いろいろやってこられて、「これをやったら手応えが出てきた」というご記憶がある施策ってありますか。

小林 手応え、施策ですか、うーん……ヒントを頂けると助かります。たとえば、他社さんだとどんな例がおありなんですかね。

――自分が「おおっ」と思った例でよろしいですか。すごくシンプルですが、社内ネット

介護について社内で相談できる雰囲気が広がった

●2023年度従業員意識・実態調査の結果と今後の対応

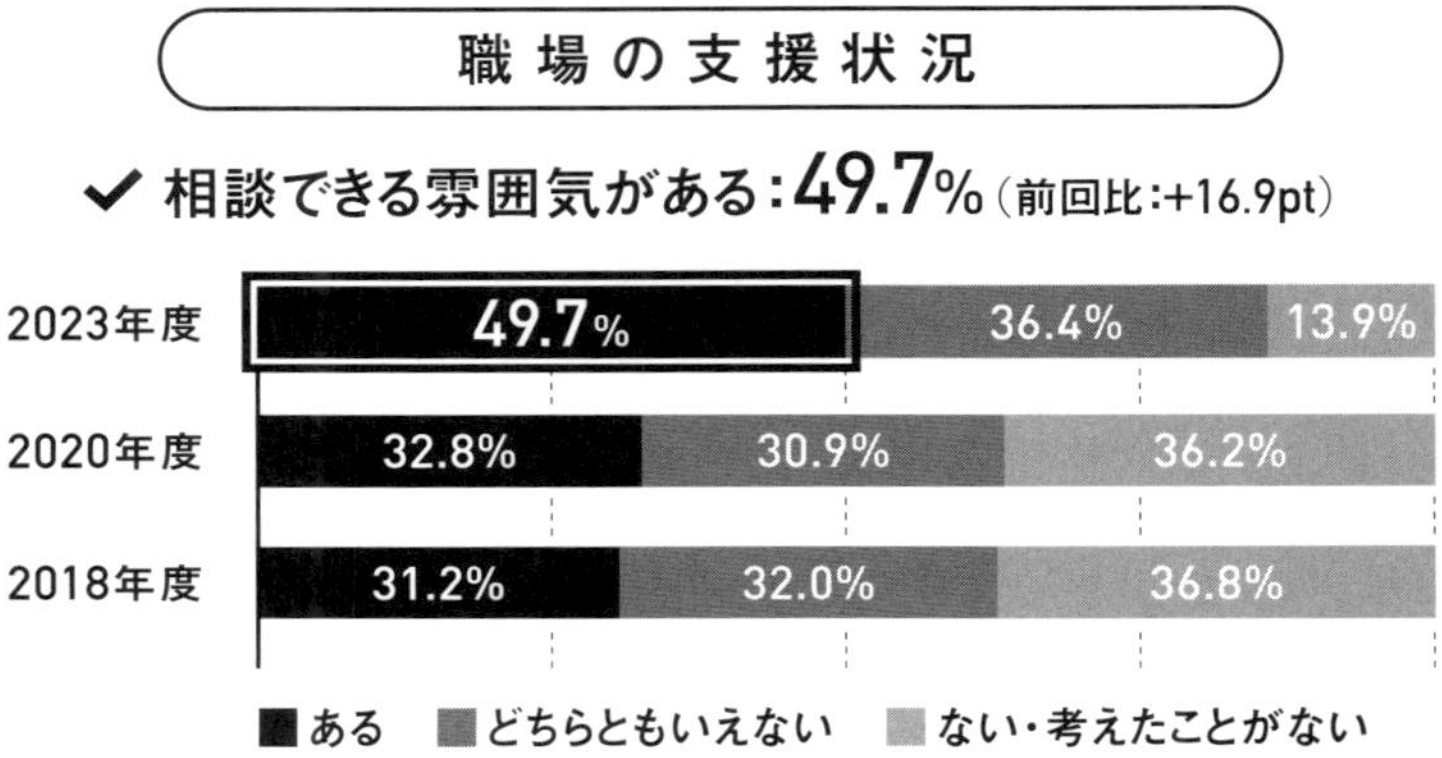

（出所：日立製作所）

での介護の個別相談会の告知を、「満席」「残席1」といった、いかにも人気があり、今すぐ予約しないと間に合わないかも、という気持ちにさせる形にしたら、反響が変わった、というお話が印象に残っています。「これをやったらセミナーに来る人が増えた」とか、「認知度が上がった」とかの手掛かりがあると、この本を読む人事・HR担当の方に役立つんじゃないかと。ちょっと細か過ぎますかね。

小林　いえいえ、全然そんなことはありませんし、とても参考になります。今おっしゃったのって行動経済学のナッジ（nudge：人の行動を「背中からつつく」ように、そっと後押しする）ですよね。

――ですね。

小林 本当に、そういう工夫が大事だなと思っています。ですけど、なかなか好事例が思いつかない……。

――とはいえ、数字ではっきりと社内風土が変わり始めていることがうかがえるくらい、成果は上がっているわけですよね。これ（右ページ図）とかを見ても、最初におっしゃっていた、上司に話せる雰囲気じゃなかった、というところが明確に変わってきている。

小林 ……そうですね。ややマクロな話になりますが、「集中して」取り組んだことはよかったのかもしれません。会社に、介護支援をやる気があるんだというのが見えやすかった。繰り返しになりますけど、会社としてこれをやるよというトップのメッセージも出してもらって、具体的にいろんな制度も始まるし、セミナーや調査もどんどこ入る、となると。

――こりゃ普通じゃない、本気だな、と思ってもらいやすくなる。これは正攻法でしょうけれど、施策を実施する際にはとても参考になると思います。短期間に集中して、トップダウンも噛ませつつどんどん波状攻撃すれば、同じリソースでも効果的に伝わるでしょうね。

小林 それと、介護以外についてもですが、当社ではHR関連の様々な施策の取り組みを、積極的に社外に情報発信させて頂いているんです。同じ話でも、外から伝わる効果ってけっこう大きいんですよ。

――なるほど。

小林　従業員に対して、ということもありますし、介護支援の問題や、他にもジョブ型人財マネジメントへの移行の取り組みなどは、そういうムーブメントを世の中全体でつくっていく必要があると思っているんです。同じような取り組みをされている他社さんとも連携をしつつ積極的に情報発信をすることで環境が整っていく。そういう要素がある気がしています。

――日立だけじゃなく、世の中に広げて認識が広がることで、日立がやりたいことが理解してもらいやすくなるだろう、という。

小林　そうですね。我々が1社だけで動いても、世の中全体がぱっと変わるということはありません。社会に受け入れてもらうにも、外部への発信が大事かな、と。

――すみません、つい私ばかり伺ってしまいましたが、川内さん、ご質問をどうぞ。

つまるところ直属の上司がどう対応するかだ

川内　では1つだけ。25年4月に育児・介護休業法が改正されるときのリスクをどう認識されているでしょうか。何かお考えになっていることはありますか。

小林 介護支援制度の周知に関するリスクですか。

川内 はい。

小林 実際に従業員への周知を行うのはラインのマネージャーだと思うんですね。そのラインマネージャーの対応のレベル感をどうすり合わせて、どう担保していくかというのは、とても重要な課題だと思います。やはりこの介護の問題って、最終的には職場のマネージャーと、従業員個人の関係の問題に収れんしていくと思うんです。

川内 本当にその通りなんです。

小林 信頼してないマネージャーに、そもそも介護の相談なんてしたくないじゃないですか。

川内 そうです。その通りです。

小林 まずはそういうところなんだと思うんです。ですので、仮に自分のラインのマネージャーが受けきれないんだったら、せめて介護コンシェルジュとか、あと、ほかにもいくつか従業員が相談できる窓口があるので、そういうところに相談するとか、あるいは我々HRがサポートに入るとか、上長と部下の1対1の関係では解決しきれなかったときどうするかというところは、考える必要があるかなと思っているんです。

川内　なるほど。日立さんではない会社の話ですが「君、もううちではちゃんとこういう制度があるんだから、テレワークでもして、実家でお父さんの近くにいたら？　お父さん喜ぶよ」と、上司の方が言っちゃっていたりするんです。それを言われて、どうしたものかと私に相談に来られたら、「そんなアドバイス聞かなくていいですよ」と対応もできるんですけれど、多くの場合はもう相談に来ずに自力介護に行ってしまわれる。法改正でそういう事例が増えるのではと危惧しているんですが、これにどう防波堤を立てたらいいんだろう、と。これ、完全に私の相談になっていますね、ごめんなさい。

法改正は意識改革の追い風にできる

小林　いえいえ。マネージャーさん全員に一定の知識と負荷のかかる対応をお願いするのは、とても難しいことだと思っています。

一方で、ラインのマネージャーさんにはやっぱりもう1段、もう2段、会社としての考え方、相談が来たときにはこういう対応をしてくださいというところの周知、その認識レベルを上げて合わせていくことは必要だなと思っていまして、ある意味、今回法改正があると、

「会社としてやらざるを得なくなる」部分があるじゃないですか。

川内　はい。その通りです。

小林　逆の見方をすると、そういう「お墨付き」は、我々の取り組みの推進力にできるところがあります。法改正をレベルアップのいい機会と捉えて、改めて会社としてマネージャーに期待をさせてもらい、「こうしてほしい」というインプットを、この機にもう一度できればいいかな、と思っています。

川内　なるほど。すばらしいですね。そのマネージャーさん自身の介護観みたいなところを変えていく感覚ですね。

小林　あとは、やっぱり時間が解決するしかない世界も正直あるかなと思っていまして。配偶者が専業主夫／主婦であろうと、自分の親の介護を全面的にやってくれよというのは、今の子世代ではなかなか成り立たなくなっていると思うんですよ。

川内　はい、それはもう無理です。

小林　そうしたロングレンジでの環境変化もあるし、介護の問題は一定の年齢以上になると、発生確率が上がるので、濃淡はあれど多くの人が自分ごととして考えざるを得ない。そこで人は変わらざるを得ないと思います。逆に、この問題ってやっぱり直面しないとなかなか実感を持って理解できない、考えられないというのもあって、特に若年層の人たちには難しいでしょうね。

川内　そうですね。でも私は、これまでの介護の考え方に染まっていないという点では、若い世代のほうが入りやすいと思っています。私がこれを言っていいのかは疑問ですけれど、究極の支援策は、結局「いい介護って何ですか」ということを考える機会を提供することなんだろうな、と思っていまして。

個人の「どう働きたいか、どう介護したいか」から始まる

小林　そうですね、そして、そう考えるといろいろな選択肢があるじゃないですか。

川内　はい。

小林　その中から何を選ぶか、というのは、もちろん個人の嗜好の問題もありますし、経済的な事情もありますし、ほかに介護を一緒にやってくれる人がいるか、いないかとか、育児以上に介護って個別性の高いものだと思うんですね。

そうなると、結局制度でカバーできるのは最大公約数の部分でしかない。いろいろ可能性

はあるんだけれども、じゃあ、自分のケースでは何が使えるのか、どう使ったらいいのかみたいなところになると、やっぱり個別の世界に落ちていく。

―― 川内さんとときどきこの話をするのですが、親を介護することは、まさに個別の人間、個人が、「自分はどう生きて、どう死にたいのか」を考えるきっかけになるんじゃないか、と思うんです。

小林 そうですね。

―― ジョブ型の働き方で、会社としっかり向き合うことで、個人が自分のキャリアをどうしたいかを考える。それと似ていますね。

小林 そうですね。会社で働く、ということについては、今まではちょっともやっとした世界で、明確には言語化されない中で、いろいろなものが動いてきたんだと思うんですよ。そういう中で会社も個人もお互い「言いたいけれど言いにくい、言えない」ことがあるんだけど、それについてちゃんとコミュニケーションしていない状態のままで、働いてきた。

―― ああ、すごく思い当たります（笑）。

小林 たとえば介護が始まって、仕事を頑張りたい気持ちはあるんだけどもう状況が許さない。だけど、それを上長にはうまく伝えきれてない、みたいなケースがあったとして、そんなふうに腹に一物を抱えたままで、ある種ルーティンで「頑張ります」と言ってしまう。上長も「そうか」と受け取ってしまう。

川内　あるあるですね。そして「頑張ると言ったじゃないか」と。

小林　お互いに悪意はないんですが、やっぱりそこはもうちょっと、双方が情報開示をして、すり合わせをしないとこの問題はうまく解決しない。これも介護だけじゃないと思うんですけど。

――そうですね。

小林　人によって、自分のキャリアに比重を置いて考えたい、介護を大事にしたい、というバランス、価値観は違いますよね。そうなると結局はケース・バイ・ケースにしかならなくて、「個」のコミュニケーションが必須になる。会社として、組織としてそれをしっかりやってください、と言うためには、ジョブ型のマネジメントのほうが親和性は高い、と思っています。

――たしかに。

小林　仮に介護や育児といった事情がなかったとしても、マネージャーは従業員の中長期的なキャリアについて、きちんと定期的に面談をやって話しをしてほしいということを言っています。そして中長期のキャリアの話をするのに、介護や育児のような事情を抜きにするのはナンセンスです。

――そうか、そうですね。育児も介護もない前提でのキャリアプランなんて本当はできるはずがない。

小林 仕事と介護は相互に関連性のある話だと思いますので、そこをお互いちゃんと情報開示して、対話しましょう、ということではないかと思っています。

ただ、やっぱり介護ってすごくネガティブなイメージがあるので、「できれば黙っていたい」というモチベーションが強く働くと思うんですよ。これでパフォーマンスが落ちると思われるのではないか、そうすると自分のキャリア的にどうなんだろう、という心配をされる人が多いのではないかなと。

でも、そこを乗り越えて、「こういう事情なので、一時的にはこういうサポートを頂けるとありがたいです」といったコミュニケーションが、上長との信頼関係の下にできるようにしたい。それならば、ジョブ型のアプローチはとても有効だと思うわけです。

――今のお話を聞いていてふと思ったんですけれど……。

小林 はい。

人事の仕事の醍醐味は社風改革にあり

――今回は、「介護」というテーマでインタビューさせて頂いてますけど、従業員の方の常識といいますか、持っている考え方を時代に合わせて変えていく、という意味では、介護と仕事の両立でも、育児との両立でも、そして働き方そのものでも同じ話ですよね。

小林　はい、同じですね。

――もっと言えば、介護と仕事についての考え方をアップデートできるような力があれば、会社の風土とか社風みたいなところまで、いい方向に変えていくことができるのでは、と、妄想しちゃったんですが。

小林　まさにおっしゃる通りだと思っていまして、「人事」という仕事、取り組みの狙いのひとつに、組織とか、企業風土とか、文化とか、そういう部分の変革という要素があると思っています。それをどういう方向性で、どういう考え方で引っ張っていくかというところは、各社各様でしょうけれども。

少なくとも日立においては、グループ・グローバルでビジネスを成長させていくという方向に大きく事業転換が図られました。当然、日本だけが例外という話にはならないので、グローバル共通のいろいろな基盤を整えていく中で、日本もそこに乗っかっていくわけですが、単に基盤を入れてもうまくワークしない。

――制度だけではダメなんですね。

小林　はい。やっぱりそこにいる人たちに気づきを促して、働く人の意識や組織の文化、風土そのものを変えていかないと。そういう問題意識で日本におけるジョブ型人財マネジメントへの転換に向けた取り組みを、もうかれこれ10年以上、いろいろな切り口から進めてきています。この話をもう少し続けても?

――はい、大歓迎です。

小林　文化、風土を変えるということは、つまり、「会社と個人の関係性を変えていきましょう」ということです。そういうメッセージを出しているんですね。言ってみれば、「対等なパートナーになりましょう。そのために会社はこういうことをするし、個人にはこういうことを期待します」というメッセージを出しつつ、会社としては、たとえばキャリア自律を積極的に支援しますとか、ジョブをベースに処遇の制度を変えていきますとか、様々な取り組みを進めているんです。

そして、介護支援、育児支援も当然、その流れの中にある話だよねと。我々はそういう整理をしています。

会社と個人は「対等なパートナー」になる

――対等なパートナーになるという提案と、支援制度はどうリンクするんでしょうか。

小林 大枠としては、ジョブ型の狙いとしている適所適財を実現するために必要な要素として、多様な人財の多様な働き方、もしくは活躍を支援するということがあります。多様性の中には当然、育児、介護の問題も入ってくる。

――う～ん、「多様性」という言葉と、「会社と個人の対等な関係」という言葉を非常に雑ぱくに理解すると、「働くところはこっちで用意するからさ、自分の人生は自分で面倒を見てよ。お金は（給料として）払うから。だって事情は人それぞれでしょう？」という理解に至りがちじゃないかと思うんですけど、逆なんですね。人は多様な環境にいて、働くことを阻害する多様な要因がある。ならば、会社側はむしろ積極的にその要因に介入して、仕事の効率を上げてもらおう、と、そんな理解で合っていますか。

小林 はい、そうですね。かつては個人の事情を表に出さず、会社にフルコミットメントする人がほとんどだった時代がありました。けれども、今のこの日本の社会は、もはやそういう環境にはありません。会社は、多様な人財が活躍できる環境をつくることを積極的にやっていかないと、有為な人財に振り向いてもらえない世界になっていています。

――ううむ。そこまで言いますか。

小林 はい、やる、やらないではなくて、どういう支援ができるのかが重要な課題になっているると思いますし、支援することによって、より高い労働生産性や質の向上も実現できるんだろう、と考えています。

――ありがとうございました。最後に、ちょっとセンシティブな話になるかもしれませんが、しっかり伺っておきたいことが。

小林 はい、なんでしょうか。

――日立は会社として社員の活躍のためにしっかり支援を行う。その半面として、社員からはどういう働き方を期待しているのでしょうか。

小林 話が重複するかもしれませんが、順を追って話しますね。

――はい、お願いします。

小林 我々の介護に対する支援は、従業員の介護の負荷を軽減するための「福祉」を目的にしているわけではなくて、仕事と介護の「両立を支援する」ことが目的です。そして、育児や介護といった個人の事情と、仕事との両立を支援することはキャリア形成支援の一環だと考えています。

――個人の事情とキャリアの形成は密接不可分だから。

小林　はい。ですので、従業員に求めたいことはシンプルでして、「自律的に自分のキャリアを考えて頂きたい」ということです。それぞれの事情を抱える中で、どんな仕事、働き方をしたいのか、自分の「意向」を明確にしてほしいのです。

そして、それを上長とオープンにコミュニケーションしてもらいたい。支援制度は会社のものも、公的なものもあるので、それらを最大限に活用し、自身で主体的に介護と仕事を両立する「マネジメント」をしてほしいと思います。

――本当にジョブ型の働き方と介護は似ていますね。親は、自分は、どう生きれば幸せなのかを自分で考えてほしい、と。

小林　本人サイドから育児が、介護が、と、言いにくいのはわかります。でも、そこで一歩踏み込んで積極的に情報開示をしてほしい。

川内　そうですね。察してほしい、きっとこう思っている、という態度でいると、会社も本人もお互いに不幸になりますから。

――心配しての言葉が「退職勧告」と受け止められたりする（81ページ）。

小林　もちろん、上長と部下の間に信頼関係があることが大前提です。でもその上で部下側も意識を変えてほしいなと。

――あ、ということは、日立が会社としてその人に求めるものもまた一律ではない、ということでしょうか？

働き方と介護は切っても切り離せない

小林　申し上げたかったのはそこです。日立が目指しているのは、「会社がこれだけ支援しているんだから、皆高いパフォーマンスを上げてね」ということではなくて、上司・部下が「それぞれの個別事情を踏まえた上で、1対1でしっかり向き合いましょう」なんです。マネージャーには会社側の最前線として、部下の事情に向き合って、可能な限り部下の「意向」に沿って両立を支援してほしいと考えています。

――自分のイメージではジョブ型の働き方って、まさに「ではない」ほうの、これだけ支援するからこれだけ稼げ、というヤツかと思っていました。

小林　当社のジョブ型は、上司と部下が1対1で「握り合う」イメージですね。

——　わかりやすい。言い方を変えると上司も個として向き合うわけで、「会社がこう言っているから」に逃げられないですね。

小林　上司側もどこまで踏み込むのか難しさがあるし、距離感をどう取ればよいのか、お互い手探りしながら適切なところを探っていくしかないのだと思います。

当社におけるジョブ型人財マネジメントへの移行は、グローバルでの事業成長をめざして進めているもので、日本以外の地域はおおむねもともとジョブ型になっていますから、グローバルでやっていきましょう、となると日本側をどう変えていくか、が中心課題となります。

この十数年、様々に試行錯誤しながらやってきました。仕事と介護の両立支援の施策も、「会社と社員の新しい関係」をどう結べばいいのか、そのトライアルの中で磨かれてきたと思います。

小林部長のインタビューで出てきた「当時のＣＨＲＯ」、現・日立製作所執行役専務（25年2月現在）の、中畑英信さんにどうしても話を聞きたい。「現在はＣＨＲＯではないのですが」「そこをなんとか」と、日立の広報さんに無理を言って叶えて頂きました。インタビュー編の締めとして、介護支援と経営課題の関係を語って頂きましょう。

――今回取材した会社主催の「い・ろ・はセミナー」では、男女一人ずつの社員の方が介護体験を語っていて、そのお話の率直さに驚きました。

日立製作所　執行役専務　中畑英信さん（以下、中畑）　あれは今回が初めての試みだったのですが、すごくよかったですよね。

――介護していることが社内でバレると、仕事や評価に差し障りがあるのではないかという不安は、「日経ビジネス」のアンケート調査でも色濃くうかがえました。「仕事と介護は両立できる」と、同僚が堂々と、そして具体例を挙げながら話すのを聞けば「うちは大丈夫だな」と誰もが思うでしょうね。

中畑　同じ会社の社員があのように話している姿を見ると、やっぱり介護が「自分ごと」になりますよね。

部長時代に始まった母の遠距離介護

――小林部長は、企業風土改革について「経営上の重要課題と認識した経営陣が2018年から会社の方針として集中的に取り組んだ結果」と振り返っています。特に中畑さんの強い思いが、社長をはじめ役員の皆さんを動かしたと。どんな経緯があったのでしょうか。

中畑 単純に言うと、私が母の介護を経験しているからですね。06年くらいから。

――お母さまはどちらに。

中畑 大分なんです。

――東京から遠距離介護ですか。

中畑 ええ、急に調子が悪くなって。母は専業主婦で、自分の夫、つまり私の父と、その母をそれまで10年ぐらい介護していたんですね。当時は家で介護するのは当たり前で。

――私の実家は新潟ですが、親を施設に預ける、というのはまだ周りの目が気になる時代でしたね。

中畑 ええ。母もずっと自分で2人を介護していました。帰省したときに母の様子を見てい

仕事と介護の両立に関する会社主催の「い・ろ・はセミナー」で介護体験を語る日立の齋藤和美氏（写真奥左）と日立ソリューションズの水林誠司氏（同・右）

ると、100%自分でやっていたんです。夜も横に寝て、トイレにも連れて行って。当時はデイサービス（要介護者が日帰りで介護を受けることができる施設）が始まった頃ですが、父も祖母も（行くのを）嫌がるし、本当に大変そうで。

当時、私は仕事でシンガポールに駐在していましたので、母に「ぜひ遊びに来てよ」と言っていたのですが「そんなの行けるわけない」と返されました。実際、母はどこにも行かずに10年間、ずっと2人を世話していました。

そうしたら、父も祖母も相次いで亡くなってしまったのです。母は介護から解放されたわけですが、やることが消えて燃え尽きてしまったのか、体調が急に悪くなってしまいました。

――介護に熱心だった方がそういう状態になるという話は聞いたことがあります。

自らの経験から「これではまずい」

中畑　ええ。それで私は1～2カ月に1度ほどの頻度で東京から帰省して面倒を見ようとしたのですが、何をどうしたらいいのかわからない。病院に連れて行っても本人は「どこも悪くない。帰りたい、帰りたい」と言うばかりで、非常に苦労したんです。

私は当時45歳。仕事も大変忙しくて、でも、このままではまずいと困り果てていました。そこで、両親の友人でケアマネジャーのようなことをやっていた男性に相談して、母に合った施設を探していくつも見に行きました。なかなか相性が合わなくて数カ所移り住みましたが、今は89歳で特養（特別養護老人ホーム）に落ち着いています。

この経験がすごく自分に影響を与えています。「介護は急に来る。そして、いつまで続くのかわからない」。そこが育児とまったく違います。

――もちろん、育児が楽なわけはありません。ただ、次に何が起こるかは予想が付く。出産予定日ははっきりしているし、小学校に入る年もあらかじめわかる。

中畑　だから準備ができる。いきなり始まる介護との大きな違いです。

私は14年に人事担当の役員になりました。当時はまだ働き方改革が始まった頃で、まず育児が注目されました。「仕事と育児の両立」というのが、すごく大きなテーマになっていまして、すでに日立の社員も共働き比率が高い状況でした。そこでまず育児支援に一生懸命に取り組みました。

育児は預けるところがないとか、あるいはいろいろなお金がかかるとか、問題は大きいのですが、ある程度「何を解決せねばならないのか」がクリアなんですね。お金の面とか、あるいは相談の窓口とか、対策も具体的に立てられる。

――効果的な対策が比較的打ちやすい、と。一方、介護は「要介護の人も、介護する側も、状況が千差万別で全員に有効な対策が難しい」という話を今回の取材でも聞きました。当時の施策はどのようなものだったのでしょうか。

中畑　介護については「通算1年間休んでいいですよ」という、休暇制度を法定以上に充実させる方向の支援策を採っていました。

――休みをあげるから自分で介護してね、ということですね。

中畑　そうです。当時から専門家や大学の先生は「こういう支援はよろしくない」と言っていましたが、まだそういう認識がなかった。ただ、私は自分の介護経験がありましたので、このままではまずいと感じていました。

――自力で介護を始めてしまうと、公的支援への接続が遅れて、抱え込んでしまいがちですからね。

中畑　そこで調べたところ、「2025年問題」に突き当たりました。日立は団塊ジュニア世代（1971～74年生まれ）の人数が多いのです。大量に採用していましたから。

社内の人口ピラミッドも出してシミュレーションしてみました。すると、やはり遠からずこの団塊ジュニア世代の人たちの多くが介護を抱えてしまう。私と同じようなことになる。そうしたら何が起こるかといえば、おそらく仕事ができなくなる人がけっこう出てくるだろうと予測できました。

アンケート調査もしてみると、やはり社員の9割が不安に思っていました。「この5年で自分も介護をするだろう」と思っている人も5割。会社としての視点で見ると、やっぱりこの大きな人数の人たちが、フルに仕事ができなくなる影響はものすごく大きいわけですね。

何か手を打たなければならない。介護をしながら、安心して働けるようにしなければならない。私が経験したような苦労をみんなに経験させてはいけない。それはやはり会社として取り組むべきことだろうと思いました。

効果はおいても「お金」を出すことに意味はある

――介護の支援は会社のやるべきことだ、と、なぜ思われたのでしょうか。

中畑　「多様な人財をどう活用するか」ということを議論していたからですね。育児支援に注目が集まっていましたが、介護をする人ももちろん「多様な人財」の一部です。介護をしている人たちが成果を出せるようにどう支援するか、何をするのがいいかを考えようと、18年には労働組合とも対話を始めました。当時は、何が正解なのか必ずしもわかってはいませんでした。

「解決策がわからないうちに始めるよりも、3年ぐらい一緒に議論しましょう」と、18年から20年を、会社として介護と仕事を両立させるための施策づくりに集中的に取り組む期間と定め、組合とも議論しながら施策を展開させました。そして、何が効果的か不透明でも、お金は必要と考えていました。

――なるほど、ダイレクトですね。

中畑　会社が何かやっていると気づいてもらうためにもということで、まずは介護をしている人に1年当たり10万円分の「介護・仕事両立支援ポイント」による援助を始めました。介護のための帰省費用などに役立ててくださいというものです。

――はい、小林さんから伺いました。

中畑　お金で全部解決するとは思っていませんでした。介護をする社員は年齢が比較的高いので、一般的には育児世代に比べると経済的に困っていない可能性が大きいからです。それでも、これをあえて始めた大きな理由は、まず「会社は介護に関心を持っている」というアピール、そして、社員にも興味を持ってほしかったということです。

――「介護しているとお金を出してもらえるらしい」となれば、うちの介護の準備はどうなのかと考える人は多そうです。

中畑　そうなんです。まずは知ってもらわないといけません。同時に会社が何をやっているかをどんどん言おうと。毎年、組合と議論する際、必ず介護について話しをしていました。

――会社が社員の介護を支援することについて、他の役員の方々からの反応はどうだったのでしょうか。

中畑 この話が出たとき、私は53～54歳でした。まだ介護は続いていて、そしてはっきり言うと、同僚の役員クラスも介護についてはみんな同じような状況でした。今やっていないとしても、ちょっと前にやっていました、とか。

介護というのは職位に関係なく誰にでもやってくるものです。当時社長だった東原さん（東原敏昭氏、現会長）とも話しましたが、東原さんも介護を経験していました。しかも私と同じ遠距離で。

東原さんと「大変ですよね」「そうなんだよな」と言いながら「今後はやっぱり介護をする層にどう頑張ってもらうかが大きな課題だよね」という話しをしました。東原さんは「人」に関連した話に強い関心を持っていたので、「事業のことだけではなくて、社員のウェルビーイング（心身の健康や幸福）をやらないといけない。やろう、やろう」と。副社長をはじめ他の役員とも話しましたが、皆「いいね、いいね」という感じでした。

――そうなんですか。

中畑 私は、経営層に聞けばみんな「いいね」と言うと思いますよ。他の会社の経営者も。

――うーん。そうでしょうか。

中畑 違うかな。でも、だいたいの経営層は年齢的に介護を経験していると思うんです。だから必要性はわかるはずです。もちろん「会社がお金を出してまでやるのか」という問題になった際に、どういう議論が出るかはわかりませんが……。

私がたまたま幸せだったのかもしれないのですが、自分が「支援が必要だ」と思って、社長や役員がそう思ってくれて、組合もそうだと言ってくれた。だからけっこう、そこまで難しい壁にぶつからずにやれたのだと思います。「いろいろな働き方を受け入れましょう」という、働き方改革の最中だったのも追い風でした。

――そんなタイミングで、世の中は新型コロナウイルス禍に見舞われました。

中畑　もう「働き方を変えざるを得ない」状況になりました。在宅勤務は当たり前にしていく必要があったし、そのためにＩＴ（情報技術）環境をつくるなど「社員の様々な状況に応じて、会社側が働きやすいように支援する」というコンセンサスが取れたのではないでしょうか。きれいごとのように聞こえるかもしれませんが。

――いえいえ。ちなみに中畑さんご自身が介護を始められた時点では、まだそういう会社ではなかったですよね。「ちょっと親の様子を見に田舎へ帰ってきます」と、さらっと会社を休むわけにもいかなかったのでは。

中畑　やはり当時45歳といえば部長ぐらいになっていて、とても忙しい時期でした。帰れるのは土日で、平日なんかもちろん無理ですよ。「介護で大変だね」とは言われましたが、「仕事は仕事だよね」というのが当時の周囲の一般的な反応でした。

――令和になっても、今回の日経ビジネスのアンケート調査では「職場は、介護は個人の問題と見ている」という答えが圧倒的に多かったです。

中畑 うーん、そうなんですか。

企業変革と軌を一にした介護支援策

――ところが、日立では介護中の社員が1万2000人の前で自分の体験を語り、会社がそれをバックアップするまでになった。働く人の意識をここまで変えられた背景に何があったのか、教えて頂けませんか。

中畑 私は1983年（昭和58年）の入社です。当初は電話交換機を製造していた横浜市の旧・戸塚工場で働いていました。当時の日立も人を大事にしていたのですが、どちらかというと集団としての人とそのチームワークなどでした。今は、より「個」を大切にすることが必要になりました。

──思い出しました。80年代に茨城県にあった日立の工場の大運動会を取材して「学校か！」と驚いたことがあって。皆さんのまとまり方がすごかったです。

中畑　そうそう。みんなが一丸となる。みんなで同じように一緒にやる。集団になるんですよ。当時はそれでよかったのですが、日立はご承知のように2009年3月期に7873億円の連結最終赤字を計上しました。

──「日本の製造業で史上最大の赤字」といわれました。

集団から「個」へ、大きく方向転換

中畑　けれども巨額の赤字はそれが初めてではないんです。1999年3月期には3276億円、2002年3月期には4838億円のそれぞれ赤字を出していましたが、人財のマネジメントは大きく変わっていませんでした。

その後、中西さん（中西宏明氏、元会長）や東原さんが「これではダメだよね。一人ひとりがやる気を出してくれるようにしないといけない。それぞれ違うんだから。個が強くないと会社は強くならない」と、方針を大きく変えました。

「日立は事業を変えるが、一番重要なのは人だ。逆に言えば一番ボトルネックになるのも人だ。人をどうするかというところが大切」。これは中西さん、東原さんがずっと言っていたことです。その具体的な表れのひとつが、このこと（介護支援）につながっているのではないかと思います。

――集団から個へ焦点が移る風土改革の一環として、介護支援の在り方も変わったということですね。

中畑　この10年の日立の変革は……私は14年にCHROになったので（24年3月まで在任）、ちょうど就任から10年たったのですが、やっぱりそことつながるような気がします。（企業側の考え方が）「働く人はそれぞれが違うんだ」に変わったということです。

そして今や、日立で働く人の6割近くが外国人です。そうなると、文字通り、もう個なんですよ。違いがあって当たり前。バックグラウンドが違うので。その変化も大きかったと思います。

――社内に海外の方が増えたというのは、介護支援、そして社内風土改革にとっては強い追い風だったわけですね。

中畑　そうです。あうんの呼吸なし。考えていることをお互いにわかり合うにはちゃんと口に出さないといけない。だから1対1で面談する「1 on 1（ワン・オン・ワン）」をやりましょう、となるわけです。この10年でそうなりました。一人ひとりにしっかりと対応していくということが必要だろうという意識が生まれてこうなりました。

ワン・オン・ワンは、その人にもよりますが、私の場合はテーマを決めないのが基本です。そのときに言いたいことを言おうね、と。そうすれば「お母さんの介護、今どう？」とか、「育児、大変ですよね」とか、こういう話題で部下と上長が話すというように当然なると思うんです。

本当に「人を大切にする会社」だと伝えねばならない

――そうなんですね……。私は年齢が中畑さんよりちょっと下ですが、基本的に同じ世代の人間からしますと、ワン・オン・ワンでも「仕事のことは」何でも話そうねということだと思っていました。「仕事以外は君の人生だから関わらない」というのが、会社と個人の在り方なのかなと。実際、部下にそう言ってのけた同僚もいましたが。

中畑　それではおそらくうまくいかないのではないでしょうか。そこがわかってきたから、社会の常識が変わり始めたのだと思います。昔は人生の大部分を同じ会社にいるのが当たり前でしたから、仕事の話だけしておけばよかった。けれども、今では特に若い人は転職が当然のことだと思っているでしょう。

――そうか。個人と会社との関係性が薄くなったらますますお互いに関わらなくなるのかと思ったのですが、逆なんですね。選択肢が増えた個人に会社で働いてもらうには、むしろ関わりを深めねばならない。

中畑 そしてそれぞれの人が皆、それぞれ違う立場に置かれているわけですよね。生まれたばかりのお子さんがいらっしゃるとか、親御さんの介護があるとか、異なる状況に応じて、どうすれば仕事のパフォーマンスを出せるようになるかを、会社と上長は考えなければならなくなりました。

――仕事と生活が切り離せるわけはないですからね。話を聞くなら両方聞いて当然でしょうということですね。

中畑 そうなんです。「人は大切」と、誰でも言いますし、言えますよね。それが「本当だ」と思ってもらえるように、実際目に見える形で、介護支援を含めて人事施策を変えました。女性登用も進み、外国人も登用し、それで社員にも伝わってきたと思います。

――それに中畑さんの実感では10年かかったと。

中畑 はい、10年かかっています。まだまだ道半ばです。人間、そんな簡単に変わらないですから。

社外取締役からは「5人中3人がそうと思っても組織は変わらない。4人中3人だと変わり始める」という話をされたことがあります。当社は毎年、社員のエンゲージメントを測っていますが、やはり全体の75％が「そうだ」と思わないと組織は変わりません。60％ではだめで、おそらく成就できない。そういう意識でやってきました。

企業と個人の関係を結び直す

中畑 もうひとつ。先ほどの話と矛盾するかもしれませんが、私が戸塚工場で現場実習をした際、同じ課には数百人が所属していました。その人たちをまとめる課長や組長がいまして、部下の仕事だけではなく生活まで全部まとめて面倒を見ていました。

――昭和の大家族の雰囲気ですね。

中畑 当時のDNAが当社に残っていて、「仕事は仕事、家庭は家庭」というドライな考え方に染まりきらなかったのかもしれません。

――「仕事と生活は分けて、会社は仕事についてだけ責任を負うべきだ」という意識は、なかなかなくならないのでは、とも思うのですが。

中畑　たしかにそういう考え方もあるかもしれません。でも、生活と仕事は一体で切り離せません。そう考えて社員を支援しないといけない時代に、もうなっていると思います。

日立の大家族的なＤＮＡは途中で弱くなったと思いますし、当時とまったく同じ状態に戻ることももちろんないと思います。ですが、もう一度、個人と会社が大事なものを確認し合ってつながり直す時期が来ているのではないか。そう思っています。

介護を経験した読者の訴え

CASE 4 抱え込んではダメ！

なるべく仕事を辞めてはいけない。自分で引き取ろうとしてはいけない。あなたの人生の方が長いので、**あなたはあなたの人生を歩むべき**だと思う。

（40～44歳、女性）


ケアマネジャーさんや施設のスタッフさんなど皆さん口をそろえて「面倒を見る家族に何かあっては（体調面など）**介護される本人もつらい**ので、任せられるところは任せた方がいい」と言われてきました。

（40～44歳、女性）

CASE 5 なんとかやってます

勤務先には介護休暇制度があり、周りの人が**自分が思うよりずっと協力的**でホッとすると同時に、制度（会社・国・地域など含め）を十分活用することが、自分にとっても要介護者にとっても幸せなことだと思っている。 地域包括支援センターは相談だけでも受け付けてくれたので、とっかかりとして大変役立った。まずは誰かに聞く、頼るということをためらわないで。

（60歳以上、女性）

第10章

まとめ
介護を支援するあなたへのエール

――ということで、介護支援で成果を出している、出しつつある企業の現場とトップの声を聞いてきました。川内さん、おつかれさまでした。

川内　おつかれさまでした。皆さん頑張っておられましたね。自分も、改めてとても勉強になりました。

――で。

川内　はい、で？

「これだけはやってほしい」ことは？

――ビジネス書の常として、お手本を読むと自分でもできそうな気になるんですけれど、実行に移す人はわりと少ないんじゃないかと思うんですね。この本をここまで読んでくださった方が、現実に負けずに、同僚のため、あるいは社員のためになる介護支援をしよう！と思ってくださったとしたら、もうぜひ実行して頂きたい。そのためのお守りというか、ショートカットというか、「とにかく、これだけはやって」的なまとめをお願いできないでしょうか。

川内 うーん……基本的にはこれを読んでご自身で考えて頂くのが正しいのではと思うのですが。

―― なるほど。ではその考え方の最初の方向だけでも、一言でまとめて頂けたら。

川内 うん、でしたら、介護について「社員の方一人ひとりの悩みを聞いていく」というところからスタートしよう、ということですね。

―― ……うーん。

川内 Yさん、なんだかぱっとしないなあ、と考えてるでしょう。

―― 当たりです、すみません。

川内 一人ひとりの悩みはそれぞれ違う、というのが介護の大きな特徴です。なぜ両立が難しいのか、なぜ離職まで思い詰めるのかは、人によって前提が、考え方が異なる。それを自分の考え方の基本に据えておかないと……。

―― どうなるんですか？

川内 「休みが足りないから」「休暇の取得率が低いから」という、ざっくりした回答にすぐ逃げ込んでしまって、一度そこに逃げ込むと、そこから離れて個人一人ひとりのほうに目を向けるのが難しくなります。

だから、個々の悩みにまずは寄り添わない限り、ご自身が納得がいき、相談者の不安が減るような支援制度にはたどり着かないだろうな、と思います。

「支援制度をつくること」が目的になってはいけない

―― これはあれですか、「介護の支援制度をつくり、運用すること」そのものが目的となってはダメだ、ということですか。

川内 はい、そういうことです。

セミナーをやって、個別介護相談を実施して、分析した結果をフィードバックして、という、この本で紹介してきた方法は有効なんですけれど、これをただやるだけで、個々の悩みに寄り添うことをしていない会社さんも残念ながら存在します。そうなると、制度は素晴らしくて、お役所から高く評価されているけれど、相談の現場で語られる悩みは深刻なまま、ということになる。個別の社員の悩みが、担当者や経営者の視野にまったく入っていない。だから制度があってもうまく使えないし、使ってもらえない。

―― どうすればいいんでしょう。

川内 介護をしながら仕事をしている人たちの悩みを、もう、聞き続けて聞き続けて、どうしたらその悩みに答えられるかっていうことを考え続けるしかないんじゃないかなと思います。

――お付き合いが長いので「それは究極の答えだろうな」と思うんですが、そこに至る道筋をつけて頂かないと、真意を理解できないと思います。

川内 うーん、そうなんですよね。私は介護バカなので、会社員の方にどう言えば伝わるんでしょうかね。

――いわゆる「傾聴」ってやつですか。ひたすら、とにかく聞くところから始まる。解決策を示さずにひたすら聞く、というのは、課題↓解決、を繰り返してきた普通の会社員のスキル的には、なかなか難しいだろうなとは思いますが。

川内 ですね。ただ、まずはとことん悩みを知る、相手が話してくれるなら聞いてみる。そこから始めていくことが、担当者自身が一番、「介護支援はこうあるべきだ」ということについての納得感を得られるんじゃないかな、と思うんです。

――あ、「正しい介護支援」を理屈で納得するだけじゃなくて、腹落ちするところまでいく、そのためには個々の事例を聞こう、ということですか。

自分が納得して、初めて他人を説得できる

川内　うん、そうですね。「休ませちゃダメなんですよ」っていうことを、いきなり理解できる人はそんなにいないんじゃないかと思うんです。おそらく社内でも、たとえば上司に「えっ、なんで？」と言われるでしょう。その上司に対しても、自分に納得感がないと説得もできない。それどころか「なんで従業者からこれだけ、介護休暇を延長してくれという声が集まってるのに、対応しないんだ」って話になるわけですよ。

――それに抗して「いやいや、それはですね」と、腹を据えて言えるかという。

川内　そうです。本当に自分の中で納得感を持って、「いや、こういうことなんです」という言い方ができるようになるには、やっぱりまずは悩みをちゃんと聞くところからスタートして、聞き続けないと、社内を動かすだけの熱量が出せないんじゃないかな、とは思いますかね。

――ただ、混ぜっ返すようですけれどその悩みを聞くと、「介護休暇が足りないのが悩みだ、もっと休ませろ」って、言われたりするんじゃないですか？

川内　そうなんですよ。でも、それはたぶん聞き方が足りないいんじゃないかと、私は思う

んですよね。

「たくさん介護させてあげる」ことはいい支援ではない

川内 どういうことかというと、両立支援というのは、あくまでも仕事と介護の両立ですから、「たくさん介護をさせてあげること」が正しいわけではないはずなんです。それはこの本からもわかってもらえるんじゃないかなと。

―― そうですよね。そもそもが両立させようとしてるんだから、会社どんどん休みなさい、っていうのは、本当はおかしな話ですよね。

川内 そうです。で、たくさん休暇制度をつくればつくるほど、休みやすくはなるんだけど、そこで気づきが必要なんだろうなと思うんです。

たくさん休ませた結果、本当に両立につながるのか。つまり、本人、親御さん、そして会社にとってのメリットにつながっているんだろうか。気持ちよく働けて、親自身にとってよい介護が受けられて、部署の業績につながるんだろうか。そういうことに疑問を持ったり、気づいたりしなきゃいけない。

で、疑問を持つヒントは常に相談してくる社員さんの言葉の、様子の中にあるんです。

―― この本や『親不孝介護』シリーズは、そういうヒントを川内さん初め、いろいろな方のお話の中から圧縮してまとめたものかもしれません。ワクチン接種みたいに、読んでおくと相談者の言葉に「あ、これか」と反応しやすくなるかも。

川内 介護の知識を学ぼう、というと「認知症の人にうまく話すときのフレーズ」みたいな本が売れたりしているんですけれど、でも、あれ、普通の人がやってもまずできないですよ。

―― できませんか。

川内 第三者が使う認知症の方との会話術としては間違ってないけど、家族の関係性ということを前提にしたら、間違っています。ストレスがかかって、続けられないと思いますよ、残念ですが。それは「制度をつくる」ことを優先する考え方と同じだから。

―― なるほど。

川内 もし、HR系の方で、この本を読んで納得感を覚えて頂けたのであれば、制度をつくろうとする前に、たとえばセミナーをやって、個別介護相談の窓口を設けて、フィードバックを通して「うん、たしかにそうだ、自力介護の後押しじゃない仕組みにしないと」という実感を持つべきなんじゃないかなと思うんですよね。で、その実感を土台に、制度を考えたほうがいい。

「知識」ではなく「意識」を変える

川内 そして、インタビューでも、複数の担当者の方から出てきたお話ですが、人の感覚がいきなりガラッと変わることはない。なので、セミナーも個別介護相談も継続することが大事です。

――参加した人の絶対数が増えていけば、社内の雰囲気が変わることにつながりますしね。1回やって知識が得られたからもういいです、ということでは……。

川内 いや、知識を得てどうこうっていう話じゃないんですよね、これ。意識を変えるってことなんで。

――今のいいですね。知識じゃなくて意識。知識でいいならパンフ配れば済む話で。

川内 うん。だけど、問題を抱えて悩んでいる人と向き合いたくない、という気持ちから、ただ情報発信しただけ、で終わってしまうと、熱意がまるで伝わらないから手にも取らないと。

――　知識先行でよくあるのは、なんだか知らんけど介護支援が必要らしい、という認識の経営陣から「従業員の満足度の高い支援制度をつくれ」って言われて、じゃ、まずセミナーやってみますか、っていう発想は、おそらく普通の会社員の方は持っていないですよね。

川内　そうですね。

――　となると、「じゃあ社内でアンケート取ってみます。あと、同業他社の介護休暇の期間とか調べてみました。業界平均より2割長い介護休暇を出すということでどうでしょう」「お、いいね」。こんな感じで対応するんですかねえ。

川内　うん、ありそうですね。でもそれじゃ、本当に介護と仕事の両立になっていない。両立したいなら、介護が本格的に始まる前に準備（と、そこへの支援）を始める必要があるのに、そこが伝わらないままだとその制度は利用されない。

で、いざ利用するときはもう、本人は介護で困り果てているわけですよ。

――　うーん、なるほど。そこで休暇を取って自力介護に入ってしまうと。

川内　せっかくつくった制度が、介護離職を誘発してしまうわけですよ。で、そうやって辞めていけば、「介護で困ったら会社を離れるのが当たり前なんだな」というカルチャーが組織に染み込んでいく。

介護支援は「課題解決」だけじゃない

――逆に、担当者に熱気があって、経営者側が経営課題と認識してくれれば、雰囲気が一気に変わる、というお話も複数の現場から聞けました。

川内 やっぱり従業者に「うちの会社、本気だな」と思わせないと、なかなか相談してもらえないですよ。

――社員がお互いに腹を割った話を、いわばこう、赤の他人にできる。そこまでいくのが、介護支援を通した意識改革の結果、ということですね。それはきっと、人事・HRを仕事とする人の、いわば本懐で。

川内 そうなんです。時間も手間もかかるんですけれど、担当者が相談者と距離を詰めることを恐れなければ、そしてそれを経営が支える姿勢を見せれば、間違いなく効果は出ると思います。

もうひとつ、これはなかなか理解が難しいと思いますが、介護は人生の「課題」だ、という見方を、ぜひ離れてほしいです。

というのは、家族の介護は、ほかからは絶対学べないことを学べる、得られることがある経験なんです。それが「ただの課題」としか見えなくなっているのは、とてももったいない。

――これはちょっと、読んでいる方が「？」となっていそうですが。

川内 でも、そういう価値観を持てないと、本当の意味で仕事との両立はうまくいかないと思います。

家族の介護といったら、ただ家族の面倒を見るための労働であると。そういう見方をすると、それは「仕事を休んでその労働をやろう」という考えになるんですよ。仕事と等価だから、一方を削ってそっちをやる、っていうことなんですけど、でもそうじゃない。

――ああ、これも複数の方が話していましたが、介護は「自分の」生き方、死に方、人生の使い方を考え、親から学ぶ機会なんだと。

川内 そう、そこを企業自身が理解し、従業者に「いや、こういうことが介護なんじゃないの？」と伝えられたら、すばらしいと思うんです。

――そこまでいくと、相当なハイレベルですね。

川内 これは個別介護相談でのお話ですが、超・仕事ができるビジネスパーソンの方が、親御さんが要介護になって、デイサービスに通うことになった。これについて最初その方は「あれって生きている意味があるんですかね、かわいそう」と言っていた。投資↓生産、的な視点からだと、そう見えます。

――でしょうね。

介護は「人生＝仕事」モードを強制リセットする

川内 でも、その人たちをかわいそうと思うのは私たちの心であって、その人たち自身が本当にかわいそうかどうかはわからないですよね。そんな話をしているうちに、だんだんこの方の考え方が変わってきた。

――どんなふうに？

川内 「かわいそうな状態にしたくないから、自分がなんとかしてあげたい」という気持ちから、「人の支援を受けて生きる、そういうふうになっても、人ってちゃんと生きていて、その人らしい生活になってるんだな」という。

――人としてのアベレージ点の上か下か、じゃなくて、個別のその人らしい人生になっているかどうか、というところに意識がいくように変わった、のかな。

川内 そうしたら、その方は海外駐在の打診をされて、また相談に来られたんです。「私は、海外に駐在していいですよね」っておっしゃっていたから、私は「その通りだと思いますよ」と。そういう視点で話しができているっていうのは、本人が相当変わったからだと思います、「昔、こんなことを言ってましたよね」と聞いたら、その方、泣いてしまって。

―― あら。

川内 「たしかにそうでした」と。あまり迷うことなく生きてきたすごく優秀な方が、介護を通して投資↓生産の思考から離れて、自分を考え直す機会を得られたんでしょうね。

―― 我々は誰もが、いつかは会社を、仕事を離れて人生と向き合うときがくるわけですが、そのときの心構えが、親の介護で培われる、ということなのかな。

川内 ええ。問答無用で仕事の考え方を強制終了してくれるのが介護でもあるわけです。

―― というか仕事モードを止めることができないと、努力しても変わらないどころか悪化する状況に、本人も親も苦しむことになる。

川内 そうですね。逆に言えば介護以外にそういう機会がもうないですよね、現代は。

―― 仕事をする場所だけれど、仕事のロジックから解放されて、自分が大事だと思っていたものを考え直す。介護支援を通して、そういう機会を提供してくれる会社があるとしたら……

川内 それは本当の意味で働きやすい、信頼できる会社なんじゃないかなと思うんですよ。

――信じて働いても大丈夫な会社だ、ということですね。

感情が揺さぶられるから本気になる

川内 ただ、現実的な話をしますと、それを実現するには、相続も含めた人間のドロドロした部分にも向き合う必要があります。それは私たち専門職が主に引き受けますが、会社の人も無傷では済まないというか、ある程度向き合う覚悟は必要だと思います。普通、仕事の中ではあまり感情が揺さぶられることはないかもしれないですよね。HRのお仕事でも、事務的にこなせることのほうが多いかもしれません。

だけど介護となってくると、もう感情が揺さぶられる出来事ばっかり起きるんですよ。だからこそ得るものがあり、感動もある。それを望んで私はやってきたんですけれど。もちろん、企業の担当者の方々にそれを強制することはできませんし、しようとも思いません。でも、人のそういう生きざまに触れると、やっぱりこう、「真剣にやらざるを得ないよね」って、なってくるんですよね。

――こりゃ適当にはできないなと。

川内 しかもそれが自分の会社の同僚の支えになる。それが自分の仕事なんだ、って意識が生まれると、やっぱり本気になりますよね。

――なるほど。そして川内さんは、その支える気持ちの根底に、投資↓生産じゃない経験に触れる機会だ、という理解があってほしいと思っている？

川内 そうですね。介護は、自分だったらどういった最期が幸せなのかなって考える機会になると思うんです。で、そこから逆算したときに、今何をしているのが自分にとって豊かになれるのかっていうことを考える、大事な機会だと思うんですよ。

――何をしていると豊かなのか、我々は懸命に働いている間に忘れてしまうんでしょうね。

「人間らしさ」に気づく機会

川内 経済誌のYさんに言うのは釈迦に説法ですが、本来、経済活動というのは誰かを幸せにするために行っているはずですよね。それがいつの間にか機能的なことだけが残っちゃってるんだろうなと思います。でも、介護だけはそうはいかなかったんですね。

――あー、合理、経済のロジックだけの、シラフじゃやれない部分っていうのが、もうどうしても、きっとあるんだろうな。

川内 そうでしょうね。だから会社員にはなじみにくい。でも、それは会社で働くうちにすり減った、人間らしさに気づく機会だと思うんです。ビジネスの現場で有効だった武装で立ち向かっても、絶対うまくいかない、打ち負かせない。

――今回インタビューしたのはそう気づいている方たちだから、こちらに熱が伝わる感じがしたのかもしれませんね。ある種「覚悟」を感じる方々でした。

川内 介護支援を担当する方も、経営者の方も、人生に対する覚悟が問われる。だからこそ得られるものも大きい。それが介護支援なのだと思いました。

おわりに　～12年前、初めての介護セミナー

今から12年前の私は、介護現場での経験から「家族による高齢者虐待を止めたい！」との思いで「となりのかいご」という市民団体を立ち上げたはいいものの、どうしたら虐待が止められるのかさっぱりわかりませんでした。そもそも、社会福祉学科をギリギリで卒業した自分が、そんな大きな課題に取り組めるのか、あるのは不安ばかりです。一応、大学で福祉の勉強をしていれば、高齢者の虐待防止が、どれだけアンタッチャブルでリスクの高い課題であるかは理解できるからです。

それでも、これ以上本気になれる社会的課題は見つからず、介護事業所で働きながら、シンポジウムや冊子の発行といった活動を、助成金をもらいながら細々と続けていました。地域の介護者の会にも出席して、介護体験を聞いて回りました。家族による高齢者虐待の深い闇を見た気がして、自分が選んだ道への不安が強くなっていきます。その結果「やらないよりはいい。だけど、これが本当に自分のやりたいことなのか……」と悩む日々が続いていました。

そんなある日、ある大手企業が社会貢献で行っている、非営利組織向けの広報スキルアップ講座に出席しました。そこで講師をされている方から、認知症のご家族の相談を受けました。当時、私は認知症の方専門のデイサービスで管理者をしており、つい熱く認知症ケアについて語ってしまいました。

すると「あなたの話、けっこう面白いからうちの会社で話してくれない？」と、思ってもみない誘いを受けました。さて、大企業で忙しく働いている方に、私の介護の話に興味を持ってもらえるのだろうか？　と疑心暗鬼でしたが、講座でお世話になっている手前、恩返しをするために引き受けさせて頂きました。

こうして、2013年3月に「認知症の家族と無理なく笑顔で会話できる方法」というタイトルで出張介護セミナーを行いました。大手企業の社員さんが私の拙い話を、真剣にうなずきながら聞いてくださり、セミナー後にたくさんの質問を頂きました。「こんなに優秀なビジネスパーソンでも、認知症について誤解しているんだ」「自分で介護しなければと、思い余って仕事を辞めれば、それが虐待につながってしまうのは当然だろう」と思ったとき、これだ！　と気づきました。

もしかしたら、企業に出張して認知症や家族介護についてレクチャーすれば、家族による虐待防止にもなるし、継続性のある事業にもできるのではないだろうか、と考えたのです。何か、バチッと回路がつながった感覚でした。それから知り合いの企業に頭を下げて、お昼休みに会議室を借りて無料で介護セミナーを繰り返していきました。さすがに無料では申し訳ないと謝礼を頂けることが増えていき、何度かメディアで取り組みを紹介頂いたことで、さらに依頼が増えていきました。一人ひとりの家族介護の悩みに応えるため、個別の介護相談も併せて実施することで「明らかに虐待を止めた！」という実感が持てるようになり「やっぱりこの方法でよかったんだ、自分は間違っていなかった」と確信を持てるようになり、独立することにしました。

この文章を書いていて、初めての介護セミナーがつい昨日のことのように思い出されますが、もう12年もたっていることに驚きます。思えば、たくさんの方々の応援やご縁により今の仕事につながっているのだと気づかされて、改めて感謝の気持ちが湧いてきました。支えていただいた恩は、支援する企業の従業者さんとそのご家族に返していきたいと思います。その価値に共感してくださる支援先企業の担当者の方々に感謝して、今日も一人ひとりの悩みに寄り添っていきたいと思います。

2025年　2月

NPO法人となりのかいご　代表理事　川内　潤

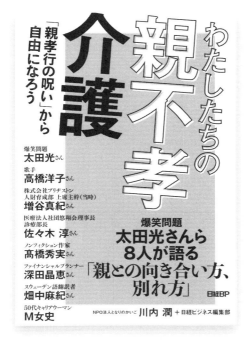

川内 潤（かわうち・じゅん）

1980年生まれ。上智大学文学部社会福祉学科卒業。老人ホーム紹介事業、外資系コンサルティング会社、在宅・施設介護職員を経て、2008年に市民団体「となりのかいご」設立。14年に「となりのかいご」をNPO法人化、代表理事に就任。企業で働くビジネスパーソンの介護相談に取り組んでいる。厚労省「令和4～6年度中小企業育児・介護休業等推進支援事業」検討委員。育児・介護休業法改正では国会に参考人として出席。著書に『もし明日、親が倒れても仕事を辞めずにすむ方法』（ポプラ社）、共著に『親不孝介護　距離を取るからうまくいく』『わたしたちの親不孝介護　「親孝行の呪い」から自由になろう』（ともに日経BP）。

山中 浩之（やまなか・ひろゆき）

1964年生まれ。学習院大学文学部哲学科（美術史）卒業。87年日経BP入社。経済誌「日経ビジネス」、日本経済新聞証券部、パソコン誌「日経クリック」「日経パソコン」などを経て、現在日経ビジネス編集部で主に「日経ビジネス電子版」と書籍の編集に携わる。著書に『マツダ　心を燃やす逆転の経営』、『新型コロナとワクチン　わたしたちは正しかったのか』（峰宗太郎先生と共著）、『ハコヅメ仕事論』（泰三子先生と共著）、『ソニー　デジカメ戦記』『妻の実家のとうふ店を400億円企業にした元営業マンの話』（いずれも日経BP）など。

上司に「介護始めます」と言えますか？
信じて働ける会社がわかる

2025年3月24日　第1版第1刷発行

著　者	川内 潤　山中 浩之
イラスト	モリナガ・ヨウ
発行者	松井 健
発　行	株式会社日経BP
発　売	株式会社日経BPマーケティング
	〒105-8308　東京都港区虎ノ門4-3-12
装幀・本文デザイン・DTP	中川 英祐（トリプルライン）
作　図	エステム　中澤 愛子
校　正	株式会社聚珍社
印刷・製本	TOPPANクロレ株式会社
構成・編集協力	岡崎 杏里
編　集	山中 浩之

本書籍に関するお問い合わせ、ご連絡は下記にて承ります。
https://nkbp.jp/booksQA
ISBN 978-4-296-20752-7 Printed in Japan